Jede Macht ist illegal

Jede Macht ist illegal

Thomas von Aquin | 1225-1274 | philosophisch ein Erbe des *Aristoteles* | politisch ein Kind seiner Zeit, des Interregnums | Inspirator jüdischer Anarchisten wie Gustav *Landauer*, Paul *Goodman* und Murray *Rothbard* | sowie von mir, Landauerianer seit 1970, Goodmaniac seit 1972, Tomaquista seit 1974, Rothbardero seit 1980 | Thomas, heimlicher Anarchist unter den Kirchenlehrern? Die Antwort finden Sie ⬒

Thomas von Aquin

Jede Macht ist illegal

VOM PRINZIP DER FÜHRUNG

Übertragen, kommentiert und herausgegeben
von Stefan Blankertz

edition g. 121

Rothbard Institut
FÜR IDEOLOGIEKRITIK

Originalausgabe

edition g. 121

Herstellung und Verlag:
BoD – Books on Demand, Norderstedt

© 2021 by Stefan Blankertz
editiongpunkt.de

Titelbild:
Ausschnitt aus dem Thomas-Fenster des Kölner Doms,
basierend auf einem Foto von Westerdam, CC-BY-SA
de.wikipedia.org/wiki/Datei:Thomas_von_Aquin_im_Glasfenster_des_Kölner_Domes.jpg

ISBN 978-3-7543-4281-7

INHALT

VORAB

Rund sieben Jahrhunderte ist Thomas' Text alt. Er steht zwischen Antike und Neuzeit. Aber über seine historische Bedeutung hinweg ist er *aktuell*. Die Übertragung soll ihn für diese Aktualität erschließen. Die Interpretation findet ◄ ab S. 149 sich ebenso wie die Darstellung des zeitlichen Kontextes hinter dem Text des Thomas.

Anmerkungen zum Text, zu den Bibel-Zitaten sowie zur Übertragung sind in den rechten Randspalten der rechten Seiten – Übertragung – angezeigt. In den linken Randspalten der linken Seiten – Originaltext – finden sich die Fundstellen der Bibelzitate.

Thomas zitiert nach der *Vulgata*, der lateinischen Bibel, die für ihn und seine Zeitgenossen verbindlich war. Sie weicht in mancher Hinsicht von heutigen Bibelfassungen ab; deswegen müssen die Zitate im laufenden Text Übertragungen aus dem Lateinischen sein, da sonst das von Thomas Gemeinte mitunter unverständlich wäre. In den Anmerkungen liste ich die ggf. abweichenden Fassungen der *Luther*-Bibel und der *Einheitsübersetzung* auf (die *Einheitsübersetzung* nur widerstrebend; als ein Ergebnis von Gremientätigkeit fehlt ihr die Kraft der Individualität).

A xx *Anmerkung zum Text*, ab S. 163
B xx *Anmerkung zum Zitat aus der Bibel*, ab S. 177
Q xx *Anmerkung zu einer Quelle*, ab S. 189
Ü xx *Anmerkung zur Übertragung*, ab S. 195

DE REGIMINE PRINCIPUM
AD REGEM CYPRI

Cogitanti mihi quid offerrem regiæ celsitudini dignum meæque professioni congruum et officio, id occurrit potissime offerendum, ut regi librum de regno conscriberem, in quo et regni originem et ea quæ ad regis officium pertinent, secundum Scripturæ divinæ auctoritatem, Philosophorum dogma et exempla laudatorum principum diligenter depromerem, juxta ingenii proprii facultatem, principium, progressum, consummationem operis ex illius expectans auxilio qui est Rex regum et Dominus dominantium: Per quem reges regnant, Deus, »magnus Dominus, et Rex magnus super omnes deos«.

Ps. 95:3

VOM PRINZIP DER FÜHRUNG
FÜR DEN KÖNIG VON ZYPERN

Sinnend, was ich der königlichen Hoheit zu bieten hätte, Beruf und Pflicht sowohl von ihm als auch mir würdig, erschien es mir als Bestes, für einen König ein Buch zu Ursprung und Pflicht des Königtums zu schreiben, geleitet durch den Rat der Heiligen Schrift, die Lehre der Philosophen und das Vorbild gepriesener Anführer. Soweit es meine Kräfte zulassen, gehe ich mit aller Sorgfalt vor. Dafür, dies Werk beginnen, fortschreiben und abschließen zu können, erwarte ich Hilfe des Königs der Könige und Herrn der Herrscher: Durch ihn, Gott, »großer Herr und königliche Größe über alle Götzen«, führen Könige.

CAPUT I

Quod necesse est homines simul viventes ab aliquo diligenter regi.

Principium autem intentionis nostræ hinc sumere oportet, ut quid nomine regis intelligendum sit, exponatur.

In omnibus autem quæ ad finem aliquem ordinantur, in quibus contingit sic et aliter procedere, opus est aliquo dirigente, per quod directe debitum perveniatur ad finem. Non enim navis, quam secundum diversorum ventorum impulsum in diversa moveri contingit, ad destinatum finem perveniret nisi per gubernatoris industriam dirigeretur ad portum; hominis autem est aliquis finis, ad quem tota vita ejus et actio ordinatur, cum sit agens per intellectum, cujus est manifeste propter finem operari. Contingit autem diversimode homines ad finem intentum procedere, quod ipsa diversitas humanorum studiorum et actionum declarat. Indiget igitur homo aliquo dirigente ad finem. Est autem unicuique hominum naturaliter insitum rationis lumen, quo in suis actibus dirigatur ad finem.

Et si quidem homini conveniret singulariter vivere, sicut multis animalium, nullo alio dirigente indigeret ad finem, sed ipse sibi unusquisque esset rex sub Deo summo rege, in quantum per lumen rationis Divinitus datum sibi, in suis actibus seipsum dirigeret. Naturale autem est homini ut sit animal sociale et politicum, in multitudine vivens, magis etiam quam omnia alia animalia, quod quidem naturalis necessitas declarat. Aliis enim animalibus natura præparavit cibum, tegumenta pilorum, defensionem, ut dentes, cornua, ungues, vel saltem velocitatem ad fugam. Homo autem

1. KAPITEL

Inwiefern es nötig ist, zusammenlebende Menschen irgendwie achtsam zu führen.

Es gebührt sich, im Anfang darzustellen, was unseres Erachtens mit den Begriff »Führung« gemeint sei.

Bei allem, was auf ein Ziel hinstrebt, besteht, sobald es verschiedene Möglichkeiten gibt, die Aufgabe darin, den Weg einzuschlagen, der direkt zu ihm führt. Ein Schiff etwa, das verschiedene Winde in verschiedene Richtungen drängen, gelangt kaum zum Ziel, würde es vom Steuermann nicht geschickt in den Hafen gelenkt werden. Der Mensch nun verfolgt irgendein Ziel, dem er sein ganzes Sinnen und Trachten widmet, denn er handelt mit Verstand, dessen Tätigkeiten klarer Ziele bedürfen. Wie die Menschen ein Ziel angehen, ist unterschiedlich, da auch ihre Vorlieben und ihr Handeln sich unterscheiden. Deshalb braucht der Mensch etwas, das ihn ans Ziel bringt. Es ist das von Natur ihm gegebene Licht der Vernunft, das das Handeln eines jeden Menschen zum Ziel steuert.

Käme es dem Menschen zu, so wie etliche Tiere vereinzelt zu leben, bedürfte es keines Weiteren, um ihn ins Ziel zu dirigieren; jeder führte sich unter Gottes höchster Aufsicht als eigener Chef selbst, in seinem Handeln geleitet durch das ihm göttlich gegebene Licht der Vernunft. Es ist für ihn aber über alle anderen Tiere hinaus von natürlicher Notwendigkeit, als ein soziales und politisches Tier in Gruppen zu leben. Denn andere Tiere stattet die Natur mit Nahrung, Fell, Waffen (wie Zähne, Hörner, Krallen) oder zumindest Flinkheit für die Flucht aus. Der Mensch

institutus est nullo horum sibi a natura præparato, sed loco omnium data est ei ratio, per quam sibi hæc omnia officio manuum posset præparare, ad quæ omnia præparanda unus homo non sufficit. Nam unus homo per se sufficienter vitam transigere non posset. Est igitur homini naturale quod in societate multorum vivat.

Amplius. Aliis animalibus insita est naturalis industria ad omnia ea quæ sunt eis utilia vel nociva, sicut ovis naturaliter æstimat lupum inimicum. Quædam etiam animalia ex naturali industria cognoscunt aliquas herbas medicinales et alia eorum vitæ necessaria. Homo autem horum, quæ sunt suæ vitæ necessaria, naturalem cognitionem habet solum in communi, quasi eo per rationem valente ex universalibus principiis ad cognitionem singulorum, quæ necessaria sunt humanæ vitæ, pervenire. Non est autem possibile quod unus homo ad omnia hujusmodi per suam rationem pertingat.

Est igitur necessarium homini quod in multitudine vivat, ut unus ab alio adjuvetur et diversi diversis inveniendis per rationem occupentur, puta, unus in medicina, alius in hoc, alius in alio. Hoc etiam evidentissime declaratur per hoc, quod est proprium hominis locutione uti, per quam unus homo aliis suum conceptum totaliter potest exprimere. Alia quidem animalia exprimunt mutuo passiones suas in communi, ut canis in latratu iram, et alia animalia passiones suas diversis modis. Magis igitur homo est communicativus alteri quam quodcumque aliud animal, quod gregale videtur, ut grus, formica et apis. Hoc ergo considerans Salomon in Eccles. ait: »Melius est esse duos quam unum.« Habent enim emolumentum mutuæ societatis.

Si ergo naturale est homini quod in societate multorum vivat, necesse est in hominibus esse per quod multitudo regatur. Multis enim existentibus hominibus et unoquoque

hingegen erhält nichts dergleichen von der Natur; stattdessen ist ihm die Vernunft gegeben, auf dass er es sich mit der Hände Arbeit verschaffe; dazu aber reicht nicht ein einzelner Mensch. Denn kein Einzelner kann allein das Leben bewältigen. Deswegen ist es für den Menschen natürlich, in sozialen Gruppen zu leben.

Mehr. Andere Tiere haben bereits ein natürliches Gespür für alles, was ihnen nützt oder schadet; das Schaf etwa sieht im Wolf seinen natürlichen Feind. Manche Tiere spüren von Natur aus gewisse Heilpflanzen oder sonstige lebenswichtige Dinge auf. Der Mensch jedoch weiß von Natur aus nur im allgemeinen Sinne, was für ihn lebenswichtig ist; er kann ja mit der Vernunft aus universellen Prinzipien auf das Konkrete schließen, das für das Leben des Menschen notwendig ist. Allerdings ist es nicht möglich, dass ein Mensch allein alles derartige mit seiner Vernunft abdeckt.

Es ist also nötig, dass Menschen in Gruppen leben, damit sie einander unterstützten und ihre Vernunft für verschiedene Entdeckungen einsetzen können, der Eine für Medizin, der Andere für etwas anderes. Dies beweist sich daran, dass Sprache allein die Eigenschaft des Menschen ist, mit der der Eine den Anderen seine Ideen mitzuteilen vermag. Andere Tiere können ihre Gefühle je nach Art sich nur ganz allgemein mitteilen, wie der Hund seinen Zorn mit Bellen. Der Mensch ist also kommunikativer als andere in Herden lebende Tiere, wie Kraniche, Ameisen und Bienen. Diese Überlegung lässt Salomo sagen: »Zwei sind besser als nur einer.« Denn ihre Gesellschaft gereicht ihnen zu gegenseitigem Vorteil. ◄ B 02

Falls es also für den Menschen natürlich ist, mit Vielen in Gesellschaft zu leben, muss diese Gruppe durch etwas geführt werden. Wäre nämlich unter etlichen Menschen

id, quod est sibi congruum, providente, multitudo in diversa dispergeretur, nisi etiam esset aliquis de eo quod ad bonum multitudinis pertinet curam habens; sicut et corpus hominis et cujuslibet animalis deflueret, nisi esset aliqua vis regitiva communis in corpore, quæ ad bonum commune omnium membrorum intenderet. Quod considerans Salomon dicit: »Ubi non est gubernator, dissipabitur populus«. Spr. 11:14 Hoc autem rationabiliter accidit; non enim idem est quod proprium et quod commune. Secundum propria quidem differunt, secundum autem commune uniuntur. Diversorum autem diversæ sunt causæ. Oportet igitur, præter id quod movet ad proprium bonum uniuscujusque, esse aliquid quod movet ad bonum commune multorum. Propter quod et in omnibus quæ in unum ordinantur, aliquid invenitur alterius regitivum. In universitate enim corporum per primum corpus, scilicet cæleste, alia corpora ordine quodam divinæ providentiæ reguntur, omniaque corpora per creaturam rationalem. In uno etiam homine anima regit corpus, atque inter animæ partes irascibilis et concupiscibilis ratione reguntur. Itemque inter membra corporis unum est principale, quod omnia movet, ut cor, aut caput. Oportet igitur esse in omni multitudine aliquod regitivum.

[Distinguitur multiplex dominium sive regimen.] Contingit autem in quibusdam, quæ ordinantur ad finem, et recte, et non recte procedere. Quare et in regimine multitudinis et rectum, et non rectum invenitur. Recte autem dirigitur unumquodque quando ad finem convenientem deducitur; non recte autem quando ad finem non convenientem. Alius autem est finis conveniens multitudini liberorum, et servorum. Nam liber est, qui sui causa est; servus autem est, qui id quod est, alterius est.

Si igitur liberorum multitudo a regente ad bonum commune multitudinis ordinetur, erit regimen rectum et justum,

14

jeder nur auf sich selber eingestimmt, dann würde die Gruppe auseinanderfallen, sofern nicht irgendwer für das Gut der Gruppe sorgen würde; auch der menschliche und tierische Körper würde sich auflösen, wenn es keine gemeinsame Kraft gäbe, die das Wohl aller Glieder erstrebt. Aufgrund dieser Überlegung sagt Salomo: »Wo es keinen B03 Steuermann gibt, zerstreut sich das Volk.«
Dies geschieht ganz vernünftig. Das Eigene ist nicht dasselbe wie das Gemeinsame – das Eigene unterscheidet, das Gemeinsame einigt. Unterschiedliches hat allerdings jeweilige Ursachen. Mithin muss es etwas weiteres außer dem geben, das einen zum eigenen, nämlich zum der Gruppe gemeinsamen Gut streben lässt. In allem, was zueinander gehört, findet sich etwas, durch das es einander führt. In der Körperwelt werden alle Körper durch den obersten Körper, den Himmel, nach göttlicher Fügung geführt, und jeder Körper durch eine vernünftige Instanz. Im einzelnen Menschen führt die Seele den Körper und zudem in der Seele die Vernunft die aggressiven und die begehrenden Anteile. So bewegt bei den Körpergliedern Eines die Anderen wie das Herz oder der Kopf. In jeder A03 Gruppe findet sich derart eine führende Instanz.

[Verschiedene Stile von Regierung oder Führung.]
Beim Streben zum Ziel kann man freilich richtig oder unrichtig vorgehen. Darum findet man dies ebenfalls bei der Führung einer Gruppe vor. Richtig wird etwas dirigiert, wenn es zu dem ihm angemessenen Ziel führt; unrichtig bei einem ihm nicht angemessenen Ziel. Einer Gruppe von Freien aber ist ein anderes Ziel als einer von Hörigen angemessen. Frei ist nämlich, wer sich selber bestimmt, A04 hörig dagegen, so ein Anderer ihn lenkt.
Wenn eine freie Gruppe durch die Führungskraft zum gemeinsamen Gut gelenkt wird, wird es für sie angemessen

quale convenit liberis. Si vero non ad bonum commune multitudinis, sed ad bonum privatum regentis regimen ordinetur, erit regimen injustum atque perversum, unde et Dominus talibus rectoribus comminatur per Ezech. dicens: »Væ pastoribus qui pascebant semetipsos.« (Quasi sua propria commoda quærentes.) »Nonne greges a pastoribus pascuntur?« Bonum siquidem gregis pastores quærere debent, et rectores quilibet bonum multitudinis sibi subjectæ.

Si igitur regimen injustum per unum tantum fiat qui sua commoda ex regimine quærat, non autem bonum multitudinis sibi subjectæ, talis rector tyrannus vocatur, nomine a fortitudine derivato, quia scilicet per potentiam opprimit, non per justitiam regit: Unde et apud antiquos potentes quique tyranni vocabantur.

Si vero injustum regimen non per unum fiat, sed per plures, siquidem per paucos, oligarchia vocatur, id est principatus paucorum, quando scilicet pauci propter divitias opprimunt plebem, sola pluralitate a tyranno differentes. Si vero iniquum regimen exerceatur per multos, democratia nuncupatur, id est potentatus populi, quando scilicet populus plebejorum per potentiam multitudinis opprimit divites. Sic enim populus totus erit quasi unus tyrannus.

Similiter autem et justum regimen distingui oportet. Si enim administretur per aliquam multitudinem, communi nomine politia vocatur, utpote cum multitudo bellatorum in civitate vel provincia dominatur. Si vero administretur per paucos, virtuosos autem, hujusmodi regimen aristocratia vocatur, id est potentatus optimus, vel optimorum, qui propterea optimates dicuntur. Si vero justum regimen ad unum tantum pertineat, ille proprie rex vocatur: Unde Dominus per Ezech. dicit: »Servus meus David rex super omnes erit, et pastor unus erit omnium eorum.« Ex quo manifeste osten-

16

und richtig und gerecht sein. Wenn es freilich nicht das
gemeinsame Gut der Gruppe ist, sondern das persönliche
Gut des Anführers, wird die Führung ungerecht und verkehrt sein. Daher droht der Herr solchen Chefs durch
Hesekiel: »Wehe den Hirten, die sich selber weiden!« (Das
heißt, ihren eigenen Vorteil suchen.) »Sollten die Herden
nicht vom Hirten geweidet werden?« Wenn die Hirten
nun das Gut der Herden suchen müssen, so jeder Chef das
Gut der ihm angeschlossenen Gruppe.

Führt ein Chef ungerecht, indem er mit der Führung den
eigenen Vorteil erstrebt und nicht das Gut der ihm angeschlossenen Gruppe, nennt man ihn *Tyrannen*, ein Begriff, der von »Gewalt« abstammt, da er mit Macht unterdrückt und nicht mit Gerechtigkeit führt: Deshalb sprach
man in der Antike von allen Mächtigen als Tyrannen.
Wird nicht durch einen Einzelnen, sondern durch Einige,
aber Wenige, ungerecht geführt, nennt man dies »Oligarchie«, Herrschaft der Wenigen, weil wenige Reiche das
Volk unterdrücken. Nur die Anzahl unterscheidet sie vom
Tyrannen. Wenn die Unstimmigkeit von Vielen ausgeht,
heißt das »Demokratie«, die Gewalt des Volkes, durch die
der Volkspöbel kraft Überzahl die Reichen unterdrückt.
So wird das ganze Volk zu einem einzigen Tyrannen.
Ähnlich sei die gerechte Art der Führung unterschieden.
Übt eine Vielzahl sie aus, fasst man dies unter dem Begriff
»Bürgerwesen« zusammen, etwa wenn freie bewaffnete
Bürger Stadt oder Gebiet beherrschen. Falls es wenige,
allerdings tugendhafte Personen sind, nennt man deren
Führung »Aristokratie«, also beste Macht oder Macht der
Besten (auch Optimaten genannt). Die gerechte Führung,
die einem Einzelnen zugestanden wird, trägt den Namen
des Königs. So sagt der Herr durch Hesekiel: »Mein Knecht
David wird König, der eine Hirte über sie alle sein.« Damit

ditur quod de ratione regis est quod sit unus, qui præsit, et quod sit pastor commune multitudinis bonum, et non suum commodum quærens.

Cum autem homini competat in multitudine vivere, quia sibi non sufficit ad necessaria vitæ si solitarius maneat, oportet quod tanto sit perfectior multitudinis societas, quanto magis per se sufficiens erit ad necessaria vitæ. Habetur siquidem aliqua vitæ sufficientia in una familia domus unius, quantum scilicet ad naturales actus nutritionis, et prolis generandæ, et aliorum hujusmodi; in uno autem vico, quantum ad ea quæ ad unum artificium pertinent; in civitate vero, quæ est perfecta communitas, quantum ad omnia necessaria vitæ; sed adhuc magis in provincia una propter necessitatem compugnationis et mutui auxilii contra hostes.

Unde qui perfectam communitatem regit, id est civitatem vel provinciam, antonomastice rex vocatur; qui autem domum regit, non rex, sed paterfamilias dicitur. Habet tamen aliquam similitudinem regis, propter quam aliquando reges populorum patres vocantur.

Ex dictis igitur patet, quod rex est qui unius multitudinem civitatis vel provinciæ, et propter bonum commune, regit; Pred. 5:8 unde Salomon in Eccl. dicit: »Universæ terræ rex imperat servienti.«

[Zur fettgedruckten Zwischenüberschrift ◧ S. 14: Neuere Editionen fügen an dieser Stelle ein eigenes Kapitel ein. Die von mir zugrunde gelegte Fassung (◧ S. 162) macht nichtmal einen Absatz.]

verdeutlicht er, was zum Begriff des Königs gehört: König ist einer, der den Vorsitz hat und als Hirte das Gut der Gruppe, nicht den eigenen Vorteil sucht.

Wenn es Menschen zukommt, in Gruppen zu leben, da sie auf sich gestellt den Notwendigkeiten des Lebens nicht gewachsen wären, ist die Gesellschaft der Gruppe um so vollkommener, je stärker sie den Lebensnotwendigkeiten genügt. Eine Hausgemeinschaft genügt dem Leben hinsichtlich Ernährung und Zeugung und dergleichen; in der Nachbarschaft betreibt man Handwerk; in der wahren Stadt, die vollkommenste Gemeinschaft, findet sich alles Lebensnotwendige, hinsichtlich der Notwendigkeit eines Zusammenwirkens und einer gemeinsamen Verteidigung gegen Feinde aber noch mehr in größeren Gebieten.

Deshalb nennt man König im höchsten Sinne erst den, der eine vollkommene Gemeinschaft, ob Stadt oder Gebiet, führt. Wer einen Haushalt führt, ist kein König, sondern Familienvater. Er hat mit einem König gewisse Ähnlichkeit und so nennt man Könige auch Väter des Volkes. A 06

Aus dem Gesagten ergibt sich, dass ein König ist, wer eine Gruppe nach Maßgabe des gemeinsamen Guts führt, ob Stadt oder Gebiet. Deswegen sagt Salomo: »Der König ge- B 06 bietet über das ganze ihm dienende Land.«

CAPUT II

Quod utilius est multitudinem hominum simul viventium regi per unum quam per plures.

His autem præmissis requirere oportet quid provinciæ vel civitati magis expedit, utrum a pluribus regi, vel uno. Hoc autem considerari potest ex ipso fine regiminis.

Ad hoc enim cujuslibet regentis ferri debet intentio, ut ejus quod regendum suscepit salutem procuret. Gubernatoris enim est, navem contra maris pericula servando, illæsam perducere ad portum salutis. Bonum autem et salus consociatæ multitudinis est ut ejus unitas conservetur, quæ dicitur pax, qua remota, socialis vitæ perit utilitas, quinimmo multitudo dissentiens sibiipsi sit onerosa. Hoc igitur est ad quod maxime rector multitudinis intendere debet, ut pacis unitatem procuret. Nec recte consiliatur, an pacem faciat in multitudine sibi subjecta, sicut medicus, an sanet infirmum sibi commissum. Nullus enim consiliari debet de fine quem intendere debet, sed de his quæ sunt ad finem.

Propterea Apostolus commendata fidelis populi unitate: »Solliciti«, inquit, »sitis servare unitatem spiritus in vinculo pacis.« Quanto igitur regimen efficacius fuerit ad unitatem pacis servandam, tanto erit utilius. Hoc enim utilius dicimus, quod magis perducit ad finem. Manifestum est autem quod unitatem magis efficere potest quod est per se unum, quam plures. Sicut efficacissima causa est calefactionis quod est per se calidum. Utilius igitur est regimen unius, quam plurium.

Amplius. Manifestum est quod plures multitudinem nullo modo conservant, si omnino dissentirent. Requiritur enim

Die Zweckmäßigkeit der Leitung menschlicher Gemeinschaften durch Einen statt durch Viele.

Hiernach ist zu fragen, was für Gebiet oder Stadt vorteilhafter sei: dass Einer oder Viele führen. Dies entscheidet sich aus dem Zweck der Führung selbst heraus.

Denn jede Führungskraft muss anstreben, das, was sie zu führen übernommen hat, abzusichern. So obliegt es dem Steuermann, das Schiff vor den Gefahren des Meeres zu bewahren und heil in den sicheren Hafen zu lenken. Gut und Heil der assoziierten Gruppe ist es, jene Einigkeit zu erhalten, die Friede heißt; sonst geht der Nutzen sozialen Lebens verloren. Die Entzweiten fallen sich lästig. Darauf muss der Chef jeder Gruppe primär achten, die friedliche Einigkeit zu behüten. Er hat sich so wenig zu fragen, ob er unter den durch ihn Geführten Frieden stiften, wie ein Arzt, ob er seinen Kranken heilen möge. Keiner darf notwendige Ziele anzweifeln, nur die Mittel. ◄ A 49

Deshalb mahnt der Apostel die Gläubigen zur Einigkeit: »Seid bedacht«, sagt er, »Einigkeit des Geistes im Bund des Friedens zu wahren.« Je wirksamer also eine Führung die Einigkeit des Friedens wahrt, um so nützlicher ist sie. ◄ B 07 Denn nur das ist nützlicher, was mehr dazu dient, ein Ziel zu erreichen. Offenbar bewirkt das, was in sich homogen ist, mehr Einigkeit als Diversität, wie etwa das bereits Warme die wirksamste Ursache der Erwärmung ist. Es ist ◄ A 07 also zweckmäßiger, wenn Einer führt als Viele.

Weiter. Die Vielen können eine Gruppe klarerweise nicht bewahren, wenn sie völlig uneins sind. Führen Viele, so

in pluribus quædam unio ad hoc, quod quoquo modo regere possint: Quia nec multi navem in unam partem traherent, nisi aliquo modo conjuncti. Uniri autem dicuntur plura per appropinquationem ad unum. Melius igitur regit unus quam plures ex eo quod appropinquant ad unum.

Adhuc. Ea, quæ sunt ad naturam, optime se habent; in singulis enim operatur natura, quod optimum est. Omne autem naturale regimen ab uno est. In membrorum enim multitudine unum est quod omnia movet, scilicet cor; et in partibus animæ una vis principaliter præsidet, scilicet ratio. Est etiam apibus unus rex, et in toto universo unus Deus factor omnium et rector. Et hoc rationabiliter. Omnis enim multitudo derivatur ab uno. Quare si ea quæ sunt secundum artem, imitantur ea quæ sunt secundum naturam, et tanto magis opus artis est melius, quanto magis assequitur similitudinem ejus quod est in natura, necesse est quod in humana multitudine optimum sit quod per unum regatur.

Hoc etiam experimentis apparet. Nam provinciæ vel civitates quæ non reguntur ab uno, dissensionibus laborant et absque pace fluctuant, ut videatur adimpleri quod Dominus per prophetam conqueritur, dicens: »Pastores multi demoliti sunt vineam meam.« E contrario vero provinciæ et civitates quæ sub uno rege reguntur, pace gaudent, justitia florent, et affluentia rerum lætantur. Unde Dominus pro magno munere per prophetas populo suo promittit, quod poneret sibi caput unum, et quod princeps unus erit in medio eorum.

Jer. 12:10

Jer. 30:21
Hes. 34:23

müssen sie sich einigen, damit Führung überhaupt möglich ist: Auch ein Schiff kann man nicht in eine Richtung
bewegen, gäbe es keine Verständigung. Das Viele wird ge-
einigt, indem es sich der Einheit annähert. Besser führt
also Einer als Viele nur durch Näherung ans Ideal.

Überdies. Das Natürliche ist am besten; in jedem Detail
bewirkt die Natur das, was am besten ist. Alle natürliche
Führung aber geht von Einem aus. In der Vielzahl der
Glieder ist ein Einziges, das Alle lenkt, das Herz; innerhalb
der Seele präsidiert *eine* erstrangige Kraft: die Vernunft.
Die Bienen folgen *einem* König. In der ganzen Welt ist
ein Gott der Schöpfer und Lenker von Allem. Und das ist
vernünftig so. Jede Vielzahl leitet sich aus dem Einen ab.
Wenn daher die Kunst anstrebt, die Natur nachzubilden,
und ein Werk der Kunst um so besser ist, je mehr es eine
Ähnlichkeit mit seinem Vorbild erreicht, muss es auch in
der Gruppe der Menschen das Beste sein, dass sie durch
Einen geführt wird.

Dies lehrt auch die Erfahrung. Gebiete oder Städte, die
nicht durch Einen geführt werden, leiden an Zwist. Ohne
Frieden leben sie in Unruhe. So scheint sich zu erfüllen,
was der Herr durch den Propheten beklagt: »Die vielen
Hirten haben meinen Weinberg zerstört.« Umgekehrt erfreuen durch Einen geführte Gebiete und Städte sich des
Friedens; Gerechtigkeit blüht, es herrscht Überfluss. So
verspricht der Herr seinem Volk durch die Propheten wie
ein großes Geschenk, dass er ihnen ein Haupt setzen und
dass *eine* Führungskraft in ihrer Mitte sein werde.

Tenno
Weltkrieg II, Pazifik

Duce
Weltkrieg II, Europa

CAPUT III

Quod, sicut dominium unius optimum est, quando est justum, ita oppositum ejus est pessimum, probatur multis rationibus et argumentis.

Sicut autem regimen regis est optimum, ita regimen tyranni est pessimum. Opponitur enim politiæ quidem democratia, utrumque enim, sicut ex dictis apparet, est regimen quod per plures exercetur; aristocratiæ vero oligarchia, utrumque enim exercetur per paucos; regnum autem tyrannidi, utrumque enim per unum exercetur. Quod autem regnum sit optimum regimen, ostensum est prius. Si igitur optimo opponitur pessimum, necesse est quod tyrannis sit pessimum.

Adhuc. Virtus unita magis est efficax ad effectum inducendum, quam dispersa vel divisa. Multi enim congregati simul trahunt quod divisim per partes singulariter a singulis trahi non posset. Sicut igitur utilius est virtutem operantem ad bonum esse magis unam, ut sit virtuosior ad operandum bonum, ita magis est nocivum si virtus operans malum sit una, quam divisa. Virtus autem injuste præsidentis operatur ad malum multitudinis, dum commune bonum multitudinis in suiipsius bonum tantum retorquet. Sicut igitur in regimine justo, quanto regens est magis unum, tanto est utilius regimen, ut regnum melius est quam aristocratia, aristocratia vero quam politia; ita e converso erit et in injusto regimine, ut videlicet quanto regens est magis unum, tanto magis sit nocivum. Magis igitur est nociva tyrannis quam oligarchia, oligarchia autem quam democratia.

Amplius. Per hoc regimen fit injustum, quod spreto bono

3. KAPITEL

Wenn die gerechte Herrschaft eines Einzelnen das Beste ist, so ist ihr Gegenteil das Schlimmste; viele Gründe und Argumente beweisen dies.

Indessen Führung durch Könige das Beste ist, so die durch Tyrannen das Schlimmste. Dem Bürgerwesen setzt man die Demokratie entgegen; beide sind, wie gesagt, Formen einer durch Viele ausgeübten Führung; der Aristokratie die Oligarchie, beide werden durch Wenige ausgeübt; dem Königtum die Tyrannei, beide üben Einzelne aus. Königtum ist als beste Form der Führung aufgezeigt worden. Da aber dem Besten das Schlimmste entgegenzusetzen ist, muss Tyrannei das Schlimmste sein.

Weiter. Vereinte Kräfte führen erfolgreicher zum Erfolg als Ausdünnung oder Zerstreuung. Viele gemeinsam bewegen, was sie zerstreut und einzeln nicht vermögen. Wie es demnach nützlicher ist, zum Guten neigende Kräfte zu vereinen, damit sie desto kräftiger Gutes bewirken, um so schädlicher ist es, Kräfte, die Böses tun, zu vereinen statt zu zerstreuen. Die Kraft eines ungerechten Vorsitzenden aber wirkt negativ auf die Gruppe, denn er verkehrt deren gemeinsames Gut in sein eigenes Gut. Steigt bei gerechter Führung der Nutzen mit der Einheitlichkeit, ist Königtum besser als Aristokratie und diese besser als Bürgerwesen; bei ungerechter Führung tritt das Gegenteil ein; je einheitlicher sie ist, um so mehr Schaden kann sie stiften. Darum ist Tyrannei schädlicher als Oligarchie, Oligarchie wiederum schädlicher als Demokratie.

Ferner. Bei ungerechter Führung herrscht statt des ver-

communi multitudinis, quæritur bonum privatum regentis. Quanto igitur magis receditur a bono communi, tanto est regimen magis injustum. Plus autem receditur a bono communi in oligarchia, in qua quæritur bonum paucorum, quam in democratia, in qua quæritur bonum multorum; et adhuc plus receditur a bono communi in tyrannide, in qua quæritur bonum tantum unius. Omni enim universitati propinquius est multum quam paucum, et paucum quam unum solum. Regimen igitur tyranni est injustissimum.

Similiter autem manifestum fit considerantibus divinæ providentiæ ordinem, quæ optime universa disponit. Nam bonum provenit in rebus ex una causa perfecta, quasi omnibus adunatis quæ ad bonum juvare possunt, malum autem singillatim ex singularibus defectibus. Non enim est pulchritudo in corpore, nisi omnia membra fuerint decenter disposita; turpitudo autem contingit, quodcumque membrum indecenter se habeat. Et sic turpitudo ex pluribus causis diversimode provenit, pulchritudo autem uno modo ex una causa perfecta, et sic est in omnibus bonis et malis, tanquam hoc Deo providente, ut bonum ex una causa sit fortius, malum autem ex pluribus causis sit debilius. Expedit igitur ut regimen justum sit unius tantum, ad hoc ut sit fortius. Quod si in injustitiam declinat regimen, expedit magis ut sit multorum, ut sit debilius, et se invicem impediant. Inter injusta igitur regimina tolerabilius est democratia, pessimum vero tyrannis.

Idem etiam maxime apparet, si quis consideret mala quæ ex tyrannis proveniunt, quia cum tyrannus, contempto communi bono, quærit privatum, consequens est ut subditos diversimode gravet, secundum quod diversis passionibus subjacet ad bona aliqua affectanda. Qui enim passione cupiditatis detinetur, bona subditorum rapit: Unde Salomon: »Rex justus erigit terram, vir avarus destruet eam.« Si

Spr. 29:4

schmähten Guts der Gruppe das persönliche Gut des Anführers. Je weiter sie sich vom Gemeingut entfernt, um so ungerechter ist die Regierung. Eine Oligarchie, die das Gut Weniger sucht, weicht mehr vom Gemeingut ab als eine Demokratie, die das Gut der Menge sucht, noch mehr aber die Tyrannei, die nur das Gut eines Einzigen sucht. Der Gesamtheit stehen die Vielen nämlich näher als die Wenigen, die Wenigen aber noch immer näher als Einer allein. Drum ist Tyrannei das Ungerechteste.

Gleiches klärt die Anschauung der göttlichen Vorsehung, deren Ordnung die Welt bestens einrichtet. Das Gute in ihr stammt aus einer perfekten Ursache, vereint somit das alles, was das Gute fördert; das Böse dagegen entsteht vereinzelt aus einzelnen Fehlern. Ein Körper wird bloß durch schickliche Formation aller Glieder schön; falls *ein* Glied ihr widerspricht, macht das hässlich. Hässlichkeit ◄ A 70 entsteht also aus mehreren Gründen auf diverse Arten, Schönheit nur auf eine Art, aus vollendetem Grund. So ist das bei allem Guten und Schlechten. Gott sichert damit, dass das Gute aus *einer* Ursache stärker, das auf mehreren Gründen ruhende Schlechte *schwächer* sei. Hieraus ergibt sich, dass gerechte Führung eines Einzigen auch stärker ist. Neigt sie aber zur Ungerechtigkeit, wäre es besser, sie aufzuteilen, was eine gegenseitige Behinderung erreicht. Unter den Formen ungerechter Führung ist Demokratie am erträglichsten, die Tyrannei am allerschlimmsten.

Dies ist glasklar, erwägt man die Übel, die der Tyrann bewirkt, da er das Gemeingut missachtet und das persönliche sucht; folglich bürdet er den Untertanen Lasten auf, um sich seinen Leidenschaften entsprechende Güter anzueignen. Der von Habgier Besessene trachtet nach den Besitztümern seiner Untertanen. Deswegen sagt Salomo: ◄ B 10 »Der gerechter König richtet das Land auf, ein habgieriger

vero iracundiæ passioni subjaceat, pro nihilo sanguinem fundit, unde per Ezech., XXII, dicitur: »Principes ejus in medio ejus quasi lupi rapientes prædam ad effundendum sanguinem.«

Hes. 22:27

Hoc igitur regimen fugiendum esse, Sapiens monet, dicens: »Longe esto ab homine potestatem habente occidendi«, quia scilicet non pro justitia, sed per potestatem occidit pro libidine voluntatis. Sic igitur nulla erit securitas, sed omnia sunt incerta cum a jure disceditur, nec firmari quidquam potest quod positum est in alterius voluntate, ne dicam libidine. Nec solum in corporalibus subditos gravat, sed etiam spiritualia eorum bona impedit, quia qui plus præesse appetunt quam prodesse, omnem profectum subditorum impediunt, suspicantes omnem subditorum excellentiam suæ iniquæ dominationi præjudicium esse. Tyrannis enim magis boni quam mali suspecti sunt, semperque his aliena virtus formidolosa est. Conantur igitur prædicti tyranni, ne ipsorum subditi virtuosi effecti magnanimitatis concipiant spiritum et eorum iniquam dominationem non ferant, ne inter subditos amicitiæ fœdus firmetur et pacis emolumento ad invicem gaudeant, ut sic dum unus de altero non confidit, contra eorum dominium aliquid moliri non possint.

Sir. 9:13

Propter quod inter ipsos discordias seminant, exortas nutriunt, et ea quæ ad fœderationem hominum pertinent, ut connubia et convivia, prohibent, et cætera hujusmodi, per quæ inter homines solet familiaritas et fiducia generari. Conantur etiam ne potentes aut divites fiant, quia de subditis secundum suæ malitiæ conscientiam suspicantes, sicut ipsi potentia et divitiis ad nocendum utuntur, ita timent ne potentia subditorum et divitiæ eis nocivæ reddantur. Unde et Job, XV, de tyranno dicitur: »Sonitus terroris semper in auribus ejus, et cum pax sit« (nullo scilicet malum ei intentante), »ille semper insidias suspicatur.« Ex hoc autem contingit ut,

Hiob 15:21

zerstört es.« Der der Leidenschaft des Jähzorns Unterlegene vergießt Blut für Nichtigkeiten. Deswegen heißt es bei Hesekiel: »Ihre Fürsten leben wie Wölfe unter ihnen, die Beute raffen, um Blut zu vergießen.«

Diese Art Herrscher zu meiden, mahnt auch der Weise: »Halte dich fern von dem, der die Macht zu töten hat«; da er, sei ergänzt, nicht um der Gerechtigkeit willen, sondern aus Lust an der Macht tötet. Weicht man vom Recht ab, bleibt alles ohne Sicherheit im Ungewissen. Wenn man von der Willkür – um nicht zu sagen Laune – eines Anderen abhängt, gibt nichts Halt. Nicht nur körperlich quält so jemand die Untertanen, er schränkt sie auch geistig ein. Wer Macht über Untertanen anstrebt, steht, statt sie zu ermächtigen, ihrer Entwicklung im Wege; er argwöhnt, wer sich auszeichne, der rüttle an seiner Herrschaft. Tyrannen sind die Guten stets verdächtiger als die Bösen; vor ihnen fremder Tugend fürchten sie sich. Sie achten darauf, dass sich bei den Untertanen keine geistigen Fähigkeiten entwickeln, auf dass sie nicht den Entschluss fassen, das Joch ihrer ungerechten Herrschaft abzuschütteln. Ebenso bekämpfen sie Freundschaften und friedliches Miteinander, denn Misstrauen vereitelt den Aufstand gegen sie.

Dazu säen sie den Zwist unter ihnen, nähren ihn, wo er keimt, und suchen zu hintertreiben, was zur Bindung beiträgt, wie Sippenbildung, Gastmähler usw., alles das, was Vertrauen und Treue schafft. Zudem streben sie an, dass die Untertanen weder mächtig noch reich werden, da sie aufgrund eigener Bosheit argwöhnen, Macht und Reichtum werde schädlich benutzt; sie fürchten, mächtige und reiche Untertanen würden ihnen schaden. Daher heißt es bei Hiob über den Tyrannen: »Ihm läuten stets die Alarmglocken; gar bei Frieden« (d. h., keiner will ihm ans Leder), »wittert er einen Verrat.« Deshalb sehen Vorsitzende, die

dum præsidentes, qui subditos ad virtutes inducere debe-
rent, virtuti subditorum nequiter invident et eam pro posse
impediunt, sub tyrannis pauci virtuosi inveniantur. Nam
juxta sententiam Philosophi apud illos inveniuntur fortes
viri, apud quos fortissimi quique honorantur, et ut Tullius
dicit: »Jacent semper et parum vigent, quæ apud quosque
improbantur.«

Naturale etiam est ut homines, sub timore nutriti, in servi-
lem degenerent animum et pusillanimes fiant ad omne virile
opus et strenuum: quod experimento patet in provinciis
quæ diu sub tyrannis fuerunt. Unde Apostolus, Col., III,
dicit: »Patres, nolite ad indignationem provocare filios
vestros, ne pusillo animo fiant.«

Hæc igitur nocumenta tyrannidis rex Salomon considerans,
dicit: »Regnantibus impiis, ruinæ hominum«, quia scilicet
per nequitiam tyrannorum subjecti a virtutum perfectione
deficiunt. Et iterum dicit: »Cum impii sumpserint principatum, gemet populus, quasi sub servitute deductus.«
Et iterum: »Cum surrexerint impii, abscondentur homines«,
ut tyrannorum crudelitatem evadant.

Nec est mirum, quia homo absque ratione secundum animæ suæ libidinem præsidens nihil differt a bestia, unde
Salomon: »Leo rugiens et ursus esuriens princeps impius
super populum pauperem«; et ideo a tyrannis se abscon-
dunt homines sicut a crudelibus bestiis, idemque videtur
tyranno subjici, et bestiæ sævienti substerni.

die Untertanen zur Tugend führen sollten, deren Tugend scheel an und behindern sie, wo es ihnen möglich ist, so dass unter Tyrannen bloß wenig Tugend zu finden ist. Denn nach der Ansicht des Philosophen ist nur dort Kraft zu finden, wo die Kräftigen geehrt werden; und wie Cicero sagt: »Immer das liegt danieder und erstarkt zu wenig, was gerade missbilligt wird.«

Es ist natürlich, dass in Furcht aufwachsende Menschen knechtisch gesinnt und schließlich zu mutlos für standhaft große Taten werden. Das ist die Erfahrung dort, wo Tyrannen lange herrschten. Deshalb sagt der Apostel im Brief an die Kolosser: »Väter, reizt eure Kinder zu keinem Abscheu, auf dass sie nicht kleinmütig werden!«

Diese Probleme bedenkt auch König Salomo: »Wo Frevler regieren, verderben die Menschen«, weil die Niedertracht des Tyrannen die Untertanen hindert, an ihrer Tugend zu feilen. An anderer Stelle sagt er: »Haben Frevler die Macht ergriffen, seufzt das Volk, als wäre es versklavt worden.« Und: »Steigen Frevler auf, verbergen sich die Menschen« – um der Grausamkeit der Tyrannen zu entfliehen.

Kein Wunder; wer bar der Vernunft laut Willkür seines Geistes befiehlt, ist nichts als eine Bestie; so Salomo: »Der frevelnde Fürst ist fürs arme Volk ein brüllender Löwe und ein hungriger Bär.« Deswegen verbirgt man sich vor Tyrannen wie vor grausamen Bestien, als sei es einerlei, jenen unterworfen oder diesen vorgeworfen zu werden.

CAPUT IV

Quomodo variatum est dominium apud Romanos, et quod interdum apud eos magis aucta est respublica ex dominio plurium.

Quia igitur optimum et pessimum consistunt in monarchia, id est principatu unius, multis quidem propter tyrannorum malitiam redditur regia dignitas odiosa. Quidam vero dum regimen regis desiderant, incidunt in sævitiam tyrannorum, rectoresque quamplures tyrannidem exercent sub prætextu regiæ dignitatis.

Horum quidem exemplum evidenter apparet in Romana republica. Regibus enim a populo Romano expulsis, dum regium vel potius tyrannicum fastum ferre non possent, instituerant sibi consules et alios magistratus per quos regi cœperunt et dirigi, regnum in aristocratiam commutare volentes et, sicut refert Salustius: Incredibile est memoratu, quantum, adepta libertate, in brevi Romana civitas creverit. Plerumque namque contingit, ut homines sub rege viventes, segnius ad bonum commune nitantur, utpote æstimantes id quod ad commune bonum impendunt non sibiipsis conferre sed alteri, sub cujus potestate vident esse bona communia. Cum vero bonum commune non vident esse in potestate unius, non attendunt ad bonum commune quasi ad id quod est alterius, sed quilibet attendit ad illud quasi suum.

Unde experimento videtur quod una civitas per annuos rectores administrata, plus potest interdum quam rex aliquis, si haberet tres vel quatuor civitates: Parvaque servitia exacta a regibus gravius ferunt quam magna onera, si a com-

4. KAPITEL

Wie die Römer die Form ihrer Regierung abänderten sowie die Republik aufgrund von Machtverteilung zeitweise einen starken Entwicklungsschub bekam.

Weil also Bestes wie Übelstes in Monarchie gründet, der Macht eines Einzigen, hassen Viele wegen der Bosheit der Tyrannen die Königswürde schlechthin. Während man nach einem König verlangt, fällt man einem wütenden Tyrannen in die Hände: Die meisten Chefs üben unterm Deckmantel ihrer Königswürde eine Tyrannei aus.

Als triftiges Beispiel überzeugt die römische Republik. Das römische Volk hat die Könige (besser: die Tyrannen) vertrieben, weil es deren Dünkel nicht länger aushielt. Es errichtete unter sich Konsulat und Magistrat, die es nun leiteten und lenkten. Man wollte Königtum in Aristokratie umwandeln. Sallust berichtet, wie schnell, als sie die Freiheit erlangt hatte, die römische Bürgerschaft aufblühte. Meistens geben Menschen, die unter einem König leben, wenig aufs Gemeingut. Sie meinen, alles, was es betreffe, sei nicht ihre Sache, sondern die eines Andern, dessen Macht sie es überantwortet sehen. Sehen sie es hingegen in der Macht keines Einzelnen liegen, so bemühen sie sich nicht mehr so darum, als handelte es sich um die Sache eines Anderen, sondern jeder sucht es zu verwirklichen, als sei es die eigene Sache.

Die Erfahrung zeigt, dass eine Stadt, die eine jährlich wechselnde Leitung verwaltet, bisweilen mehr zuwege bringt als ein König über drei oder vier Städte. Geringe, von Königen geforderte Steuern erträgt man schwerer als

munitate civium imponantur. Quod in promotione Romanæ reipublicæ servatum fuit. Nam plebe ad militiam scribebatur, et pro militantibus stipendia exsolvebant, et cum stipendiis exsolvendis non sufficeret commune ærarium, in usus publicos opes venere privatæ, adeo ut præter singulos annulos aureos, singulasque bullas, quæ erant dignitatis insignia, nihil sibi auri ipse etiam senatus reliquerit.

Sed cum dissensionibus fatigarentur continuis, quæ usque ad bella civilia excreverunt, quibus bellis civilibus eis libertas, ad quam multum studuerant, de manibus erepta est, sub potestate imperatorum esse cœperunt, qui se reges a principio appellari noluerunt, quia Romanis fuerat nomen regium odiosum. Horum autem quidam more regio bonum commune fideliter procuraverunt, per quorum studium Romana respublica et aucta et conservata est. Plurimi vero eorum in subditos quidem tyranni, ad hostes vero effeci desides et imbecilles, Romanam rempublicam ad nihilum redegerunt.

Similis etiam processus fuit in populo Hebræorum. Primo quidem dum sub judicibus regebantur, undique diripi-^{Ri. 17:6}ebantur ab hostibus. Nam unusquisque quod »bonum erat in oculis suis«, hoc faciebat. Regibus vero eis divinitus datis ad eorum instantiam, propter regum malitiam, a cultu unius Dei recesserunt et finaliter ducti sunt in captivitatem.

Utrinque igitur pericula imminent: Sive dum timetur tyrannus, evitetur regis optimum dominium, sive dum hoc consideratur, potestas regia in malitiam tyrannicam convertatur.

große Lasten der Bürgergemeinschaft. Die Entwicklung der römischen Republik zeigt es. Die Leute mussten nämlich zum Militär; wer diente, kriegte Sold. Als die öffentlichen Mittel für die Soldzahlungen nicht reichten, griff man auf alle Privatvermögen zu. Der Senat ließ selbst den Mitgliedern bloß den Ring und das Amulett aus Gold als Insignien ihrer Würde.

Aber mit ständigen Parteikämpfen, die zu Bürgerkriegen ausarteten, kam die Erschöpfung. Dergestalt glitt ihnen die mühsam errungene Freiheit aus den Händen, und sie begannen, der Macht ihrer Feldherrn zu erliegen, die sich freilich, da den Römern der Begriff *König* so verhasst war, anfangs so nicht nennen wollten. Einige hüteten in wahrhaft königlicher Art das Gemeingut mit aller Treue; ihre Bemühungen vergrößerten und erhielten die Republik der Römer. Die meisten aber waren für ihre Untertanen Tyrannen, den Feinden gegenüber allerdings untätig und schwach; so führten sie die Republik in den Untergang.

Ähnlich trug es sich beim hebräischen Volk zu. Zuerst, als Richter es führten, plünderten Feinde es reihenweise aus. Jeder tat nur das, was »in seinen Augen gut war«. Dann gab ihm Gott auf Bitten jenes hin Könige; infolge der Bosheit der Könige fiel es jedoch von der Verehrung des Einen Gottes ab und geriet zuletzt in Gefangenschaft.

Überall Gefahr. Aus Furcht vor Tyrannen meidet man die optimale Führung durch den Einen; entscheidet man sich doch für sie, verkehrt sie sich ins Unheil einer Tyrannei.

CAPUT V

Quod in regimine plurium magis sæpe contingit dominium tyrannicum, quam ex regimine unius; et ideo regimen unius melius est.

Cum autem inter duo, ex quorum utroque periculum imminet, eligere oportet, illud potissime eligendum est ex quo sequitur minus malum. Ex monarchia autem, si in tyrannidem convertatur, minus malum sequitur quam ex regimine plurium optimatum, quando corrumpitur. Dissensio enim, quæ plurimum sequitur ex regimine plurium, contrariatur bono pacis, quod est præcipuum in multitudine sociali: Quod quidem bonum per tyrannidem non tollitur, sed aliqua particularium hominum bona impediuntur, nisi fuerit excessus tyrannidis quod in totam communitatem desæviat. Magis igitur præoptandum est unius regimen quam multorum, quamvis ex utroque sequantur pericula.

Adhuc. Illud magis fugiendum videtur, ex quo pluries sequi possunt magna pericula. Frequentius autem sequuntur maxima pericula multitudinis ex multorum regimine, quam ex regimine unius. Plerumque enim contingit ut ex pluribus aliquis ab intentione communis boni deficiat, quam quod unus tantum. Quicumque autem, ex pluribus præsidentibus, divertat ab intentione communis boni, dissensionis periculum in subditorum multitudine imminet, quia dissentientibus principibus consequens est ut in multitudine sequatur dissensio. Si vero unus præsit, plerumque quidem ad bonum commune respicit; aut si a bono communi intentionem avertat, non statim sequitur ut ad subditorum depressionem intendat, quod est excessus tyrannidis et in ma-

5. KAPITEL

Weshalb bei Führung durch mehr als Einem öfter Tyrannei entsteht als aus der eines Einzelnen und drum die Führung durch einen Einzelnen besser ist.

Muss man sich zwischen zwei drohenden Gefahren entscheiden, wähle man das kleinere Übel. Aus einer Monarchie aber, die in Tyrannei kippt, folgt ein kleineres Übel als aus einem entartenden Regime mehrerer Optimaten. ◄A16 Denn Zwietracht, die aus der Leitung durch Gremien oft folgt, steht dem Gut des Friedens, Prinzip der sozialen Gruppe, entgegen. Dieses Gut nun beseitigt der Tyrann nicht völlig, vielmehr hemmt er nur das Gut Mancher in einigen Belangen, außer es ist ein Übermaß an Tyrannei, das gegen die ganze Gemeinde wütet. Also ist die Herrschaft eines Einzelnen der von Komitees vorzuziehen, trotz der aus beiden erwachsenden Gefahren.

Ferner. Jenes muss man offenbar eher meiden, woraus in vielfacher Weise große Gefahren drohen. Häufiger aber ergeben aus dem Regime einer Junta sich die größeren Gefahren als aus dem eines Einzelnen. Denn öfter trifft es zu, dass von Vielen Einer die Rücksicht auf das Gemeingut verletzt als Einer allein. Sooft aber auch bloß einer innerhalb des Vorstandsgremiums vom Gemeingut abweicht, droht bei den Bürgern die Gefahr der Uneinigkeit. Auf Streit unter den Anführern folgt notwendig der in der Menge. Steht aber Einer an der Spitze, so ist er meist aufs ◄A17 Gemeingut bedacht; lässt er aber davon ab, folgt nicht sofort, dass er nun seinen Sinn nur auf die Bedrückung der Untertanen richtet. Das wäre nämlich, wie dargelegt,

litia regiminis maximum gradum tenens, ut supra ostensum
est. Magis igitur sunt fugienda pericula quæ proveniunt ex
gubernatione multorum, quam ex gubernatione unius.

Amplius. Non minus contingit in tyrannidem verti regimen
multorum quam unius, sed forte frequentius. Exorta namque dissensione per regimen plurium, contingit sæpe
unum super alios superare et sibi soli multitudinis dominium usurpare, quod quidem ex his quæ pro tempore
fuerunt, manifeste inspici potest. Nam fere omnium multorum regimen est in tyrannidem terminatum, ut in Romana
republica manifeste apparet; quæ cum diu per plures magistratus administrata fuisset, exortis simultatibus, dissensionibus et bellis civilibus, in crudelissimos tyrannos incidit.

Et universaliter si quis præterita facta et quæ nunc fiunt diligenter consideret, plures inveniet exercuisse tyrannidem
in terris quæ per multos reguntur, quam in illis quæ guber-
nantur per unum. Si igitur regium, quod est optimum
regimen, maxime vitandum videatur propter tyrannidem;
tyrannis autem non minus, sed magis, contingere solet in
regimine plurium, quam unius, relinquitur simpliciter magis
esse expediens sub rege uno vivere, quam sub regimine
plurium.

ein tyrannischer Exzess des höchsten Grads an Böswillig-
keit. Man muss sich vor den Gefahren durch die Gremien-
herrschaft also eher hüten als vor denen eines Einzelnen.
Endlich. Nicht seltener verkehrt das Regime der Räte sich   ◄ A 18
in Tyrannei als das eines Einzigen, sogar häufiger. Denn
bricht ein Streit unter einem Führungsgremium aus, erlangt einer oft die Oberhand über die Anderen und maßt
sich die alleinige Führung der Gruppe an, ersichtlich aus   ◄ A 19
der Geschichte. Fast jedes Führungsgremium ist schließlich zur Tyrannei geworden wie die römische Republik.
Nachdem zahlreiche Ämter sie lange verwaltet hatten,   ◄ A 20
brach Feindschaft, Streit und Bürgerkrieg aus; so fiel sie
grausamsten Tyrannen in die Hände.
Wer demnach Vergangenheit und Gegenwart sorgsam
prüft, findet Tyranneien öfter in von Gremien geleiteten
Ländern vor als in denen, die ein Einzelner steuert. Weil
beim Königtum, das als das Beste erscheint, vornehmlich
wegen der Möglichkeit einer Tyrannei die Notwendigkeit
besteht, es zu meiden, die Tyrannei aber nicht seltener,
sondern sogar häufiger entsteht, wenn Viele regieren,
bleibt als Ergebnis, dass es zweckmäßiger sei, unter dem   ◄ A 16 bis
Regime von einem Chef als dem vieler Chefs zu leben.   ◄ A 20

CAPUT VI

Conclusio, quod regimen unius simpliciter sit optimum. Ostendit qualiter multitudo se debet habere circa ipsum, quia auferenda est ei occasio ne tyranniset, et quod etiam in hoc est tolerandus propter majus malum vitandum.

Quia ergo unius regimen præeligendum est, quod est optimum, et contingit ipsum in tyrannidem converti quod est pessimum, ut ex dictis patet, laborandum est diligenti studio ut sic multitudini provideatur de rege, ut non incidant in tyrannum.

Primum autem est necessarium ut talis conditionis homo ab illis, ad quos hoc spectat officium, promoveatur in regem, quod non sit probabile in tyrannidem declinare. Unde Samuel, Dei providentiam erga institutionem regis commendans, ait I. Reg., XIII: »Quæsivit sibi Dominus virum secundum cor suum.«

1 Sam. 13:14

Deinde sic disponenda est regni gubernatio, ut regi jam instituto tyrannidis subtrahatur occasio.

Simul etiam sic ejus temperetur potestas, ut in tyrannidem de facili declinare non possit. Quæ quidem ut fiant, in sequentibus considerandum erit.

Demum vero curandum est, si rex in tyrannidem diverteret, qualiter posset occurri.

Et quidem si non fuerit excessus tyrannidis, utilius est remissam tyrannidem tolerare ad tempus, quam contra tyrannum agendo multis implicari periculis, quæ sunt graviora ipsa tyrannide. Potest enim contingere ut qui contra tyrannum agunt prævalere non possint, et sic provocatus

6. KAPITEL

Schluss, das Regime eines Einzelnen sei das schlicht beste. Rat, wie die Gruppe sich gegen diesen zu verhalten habe und ihm jede Gelegenheit, Tyrann zu werden, nimmt, und wann er gar dann zu ertragen ist, um größere Übel zu verhüten.

◄ Ü08

Weil das optimale Regime eines Einzelnen vorzuziehen ist, es aber vorkommt, dass es sich in eine Tyrannei verkehrt, das wie gesagt größte Übel, muss die Gruppe sich tatkräftig und achtsam bei ihrem Chef vorsehen, um nicht plötzlich einem Tyrannen in die Hände zu fallen.

◄ A21

Als erstes ist es notwendig, dass jene, denen dies obliegt, jemand so Beschaffenen zum Oberhaupt küren, der es unwahrscheinlich sein lässt, zur Tyrannei herabzusinken. So preist Samuel Gottes Vorsehung bei der Einsetzung des Königs: »Der Herr suchte sich einen Mann nach seinem Herzen.«

◄ A29

◄ A22

◄ B20

Dann ist die Verwaltung derart zu gestalten, dass dem Chef die Möglichkeit zur Tyrannei entzogen ist.

◄ A23

Zugleich ist seine Macht zu zügeln, auf dass er nicht imstande sei, der Tyrannei zu verfallen. Wie dies zu geschehen habe, ist in der Folge zu erwägen.

◄ A24

Schließlich muss man sich für den Fall einer in Tyrannei abgedrifteten Führungskraft wappnen.

Bei milder, nicht übermäßiger Tyrannei ist es besser, sie zeitweilig zu ertragen, als sich durch Aktivitäten gegen den Tyrannen in Gefahren zu begeben, die schwerer sind als die Tyrannei selber. Es kann passieren, dass jene, die sich gegen den Tyrannen erheben, nicht obsiegen und der

◄ A25

tyrannus magis desæviat. Quod si prævalere quis possit adversus tyrannum, ex hoc ipso proveniunt multoties gravissimæ dissensiones in populo; sive dum in tyrannum insurgitur, sive post dejectionem tyranni dum erga ordinationem regiminis multitudo separatur in partes.

Contingit etiam ut interdum, dum alicujus auxilio multitudo expellit tyrannum, ille, potestate accepta, tyrannidem arripiat, et timens pati ab alio quod ipse in alium fecit, graviori servitute subditos opprimat. Sic enim in tyrannide solet contingere, ut posterior gravior fiat quam præcedens, dum præcedentia gravamina non deserit et ipse ex sui cordis malitia nova excogitat.

Unde Syracusis quondam Dionysii mortem omnibus desiderantibus, anus quædam, ut incolumis et sibi superstes esset, continue orabat; quod ut tyrannus cognovit, cur hoc faceret interrogavit. Tum illa: »Puella«, inquit, »existens, cum gravem tyrannum haberemus, mortem ejus cupiebam, quo interfecto, aliquantum durior successit; ejus quoque dominationem finiri magnum existimabam: Tertium te importuniorem habere cœpimus rectorem. Itaque si tu fueris absumptus, deterior in locum tuum succedet.«

Et si sit intolerabilis excessus tyrannidis, quibusdam visum fuit ut ad fortium virorum virtutem pertineat tyrannum interimere, seque pro liberatione multitudinis exponere periculis mortis. Cujus rei exemplum etiam in veteri testamento habetur: Nam Ajoth quidam Eglon regem Moab, qui gravi servitute populum Dei premebat, sica infixa in ejus femore interemit, et factus est populi judex. Sed hoc Apostolicæ doctrinæ non congruit. Docet enim nos Petrus non bonis tantum et modestis, verum etiam dyscolis dominis reverenter subditos esse. »Hæc est enim gratia si propter conscientiam Dei sustineat quis tristitias patiens injuste.«

Unde cum multi Romani imperatores fidem Christi per-

44

gereizte Tyrann nun um so schlimmer wütet. Sollte aber
der Tyrann bezwungen werden, folgen hieraus häufig
schwerste Streitigkeiten im Volk: Noch im Verlauf der Er-
hebung oder dann nach dem Sturz des Tyrannen ringen
Parteien um die künftige Ordnung.

Auch geschieht es, dass der, der den Tyrannen vertreiben
half, nach Machtempfang die Tyrannei an sich reißt; aus
Furcht, zu erleiden, was er einst selber tat, bedrückt er
die Untertanen nun stärker. Die spätere Tyrannei pflegt
bedrückender zu sein als die vorhergehende; die alten Be-
drückungen bleiben bestehen und mit Bosheit im Herzen
ersinnt der neue Tyrann zusätzliche.

Als in Syrakus alle den Tod des Dionysios herbeisehnten,   ◀ Q05
betete eine Greisin inständig, dass es ihm wohlergehe
und er sie überlebe. Er erfuhr davon und fragte sie, weshalb sie das tue. »Als Kind«, sagte sie, »hatten wir einen
harten Tyrannen, dem ich den Tod wünschte. Man tötet
ihn; ihm folgte aber ein ärgerer. Auch dass seine Herrschaft zuende ging, empfand ich als Glück. Unser dritter,
wiederum gewalttätigere Gebieter bist du. Trittst du ab,
wird ein noch schrecklicherer an deine Stelle treten.«
Überschreitet der Tyrann das erträgliche Maß, scheint es
zur Tugend der Tapferkeit zu gehören, ihn zu töten und   ◀ Ü09
für die Befreiung der Massen sich der Todesgefahr aus-
zusetzen. Ein Beispiel aus dem Alten Testament: Ajoth   ◀ B21
rammte König Eglon von Moab, der das Volk des Herrn
schwer knechtete, den tödlichen Dolch in die Weichen; so
wurde er Richter des Volkes. Das aber deckt sich nicht mit
apostolischer Lehre. Petrus lehrt uns ja, nicht nur guten
und moderaten, sondern auch fiesen Herren ehrfürchtig
untertan zu sein. »Das nämlich ist Gnade, wenn man um   ◀ B22
Gottes Willen ungerechten Schmerz duldsam erträgt.«
Deshalb pries man, als eine große Zahl aus Adel und Volk

sequerentur tyrannice, magnaque multitudo tam nobilium quam populi esset ad fidem conversa, non resistendo sed mortem patienter et animati sustinentes pro Christo laudantur, ut in sacra Thebæorum legione manifeste apparet; magisque Ajoth judicandus est hostem interemisse, quam populi rectorem, licet tyrannum.

Unde et in veteri testamento leguntur occisi fuisse hi qui occiderunt Joas, regem Juda, quamvis a cultu Dei recedentem, eorumque filii reservati secundum legis præceptum. Esset autem hoc multitudini periculosum et ejus rectoribus, si privata præsumptione aliqui attentarent præsidentium necem, etiam tyrannorum. Plerumque enim hujusmodi periculis magis exponunt se mali quam boni. Malis autem solet esse grave dominium non minus regum quam tyrannorum, quia secundum sententiam Salomonis: »Dissipat impios rex sapiens.« Magis igitur ex hujusmodi præsumptione immineret periculum multitudini de amissione regis, quam remedium de subtractione tyranni.

Videtur autem magis contra tyrannorum sævitiam non privata præsumptione aliquorum, sed auctoritate publica procedendum.

Primo quidem, si ad jus multitudinis alicujus pertineat sibi providere de rege, non injuste ab eadem rex institutus potest destitui vel refrenari ejus potestas, si potestate regia tyrannice abutatur. Nec putanda est talis multitudo infideliter agere tyrannum destituens, etiam si eidem in perpetuo se ante subjecerat; quia hoc ipse meruit, in multitudinis regimine se non fideliter gerens ut exigit regis officium, quod ei pactum a subditis non reservetur. Sic Romani Tarquinium superbum, quem in regem susceperant, propter ejus et filiorum tyrannidem a regno ejecerunt, substituta minori, scilicet consulari, potestate. Sic etiam Domitianus, qui modestissimis imperatoribus Vespasiano patri et Tito fratri

zum Glauben an Christus bekehrt war, viele römische Kaiser ihn aber verfolgten, diejenigen, die ohne Widerstand, geduldig und mutig den Tod erlitten, wie die heilige Thebäische Legion. Der Fall Ajoths muss dahin beurteilt werden, dass er mehr einen Feind als einen Führer des Volks tötete, war jener auch ein Tyrann.

Im Alten Testament steht darum, man habe die getötet, die Joasch, König von Juda, getötet hatten, obwohl er von Gott abgewichen war, nur ihren Söhnen sei dies laut Gesetz erspart geblieben. Für die Massen und ihre Chefs wäre es gefährlich, würden nach bloß privatem Gusto Attentate auf Präsidenten verübt werden, und seien es Tyrannen. Solchen Gefahren setzen Böse sich eher als Gute aus. Böse finden die Herrschaft der Könige aber nicht weniger beschwerlich als die der Tyrannen; nach Salomos Ansicht verjagt nämlich ein weiser König die Frevler. Aus derartigen Attentaten erwächst eher die Gefahr, den König zu verlieren, als die Abhilfe, den Tyrannen zu entfernen.

Es scheint besser, gegen die Grausamkeit der Tyrannen nicht nach privatem Gusto, sondern nach öffentlicher Beratung vorzugehen.

Erstens. Eignet einer Gruppe das Recht, sich den Chef zu bestimmen, ist es kein Unrecht, dass sie den von ihr eingesetzten Chef entfernt oder ihm die tyrannisch missbrauchte Macht beschränkt. Man darf es nicht für Untreue halten, wenn sie den Tyrannen absetzt; selbst wenn sie sich ihm vorher für immer angeschlossen hat. Er verdient, dass die Untertanen den Vertrag brechen, indem er untreu nicht regiert, wie es Pflicht wäre. Also stießen die Römer den von ihnen als König akzeptierten Tarquinius wegen seiner und seines Sohnes Tyrannei vom Thron und setzten eine geringere, die konsularische Macht an dessen Stelle. Auch Domitian, Nachfolger der maßvollen Kaiser,

ejus successerat, dum tyrannidem exercet, a senatu Romano interemptus est, omnibus quæ perverse Romanis fecerat per senatusconsultum juste et salubriter in irritum revocatis. Quo factum est ut beatus Joannes Evangelista, dilectus Dei discipulus, qui per ipsum Domitianum in Patmos insulam fuerat exilio relegatus, ad Ephesum per senatusconsultum remitteretur.

Si vero ad jus alicujus superioris pertineat multitudini providere de rege, expectandum est ab eo remedium contra tyranni nequitiam. Sic Archelai, qui in Judæa pro Herode patre suo regnare jam cœperat, paternam malitiam imitantis, Judæis contra eum querimoniam ad Cæsarem Augustum deferentibus, primo quidem potestas diminuitur ablato sibi regio nomine et medietate regni sui inter duos fratres suos divisa; deinde, cum nec sic a tyrannide compesceretur, a Tiberio Cæsare relegatus est in exilium apud Lugdunum, Galliæ civitatem.

Quod si omnino contra tyrannum auxilium humanum haberi non potest, recurrendum est ad regem omnium Deum, qui est adjutor in opportunitatibus in tribulatione. Ejus enim potentiæ subest ut cor tyranni crudele convertat in mansuetudinem, secundum Salomonis sententiam, Prov. XXI: »Cor regis in manu Dei, quocumque voluerit, inclinabit illud.« Ipse enim regis Assueri crudelitatem, qui Judæis mortem parabat, in mansuetudinem vertit. Ipse est qui ita Nabuchodonosor crudelem regem convertit, quod factus est divinæ potentiæ prædicator. »Nunc igitur«, inquit, »ego Nabuchodonosor laudo, et magnifico, et glorifico regem cæli, quia opera ejus vera et viæ ejus judicia, et gradientes in superbia potest humiliare« (Dan., IV). Tyrannos vero, quos reputat conversione indignos, potest auferre de medio vel ad infimum statum reducere, secundum illud Sapientis, Eccles., X: »Sedes ducum superborum destruxit Deus, et sedere fecit mites pro eis.«

seinem Vater Vespasian und seinem Bruder Titus, wurde vom römischen Senat beseitigt; und alles Perverse, was er den Römern auferlegt hatte, erklärte dessen Beschluss für nichtig. Auf diesen Beschluss hin konnte der selige Evangelist Johannes, Lieblingsjünger Gottes (besagter Domitian hatte ihn auf die Insel Patmos verbannt), nach Ephesus zurückkehren.

Zweitens. Eignet einem Oberen das Recht, den Chef der Gruppe zu bestimmen, ist von ihm Abhilfe gegen die Bosheit des Tyrannen zu erwarten. So wurde die Macht von Archelaus, der von seinem Vater Herodes die Regierung übernahm und dessen Übel imitierte, als die Juden vor Kaiser Augustus gegen ihn klagten, zunächst beschränkt: Er verlor seinen Königstitel, die Hälfte des Reichs wurde unter seine zwei Brüder aufgeteilt. Da er sich noch immer in seiner Tyrannei nicht zurückhielt, verbannt ihn Kaiser Tiberius nach Lyon in Gallien. ◧ A 32

Wenn man aber gegen einen Tyrannen keine menschliche Hilfe erhält, wende man sich an Gottes Ratschluss, der bei Kummer zu rechter Zeit als Beistand auftaucht. Denn in seiner Macht liegt es, das grausame Herz des Tyrannen mild zu stimmen, wie Salomo sagt: »Das Herz des Königs ruht in der Hand Gottes; er wird es lenken, wohin er will.« ◧ B 24
Er brachte den grausamen König Assyriens, der die Juden töten wollte, zur Milde. Er stimmte den grausamen König Nebukadnezar so, dass er zu einem Verkünder der Macht Gottes wurde. »Nun«, sagt er, »lobe ich, Nebukadnezar, erhebe und preise den König des Himmels. Seine Werke sind wahr, seine Wege gerecht und er kann die demütigen, die sich in Hochmut ergehen.« Tyrannen dagegen, deren Bekehrung er für unwürdig erachtet, kann er entmachten oder das Leben nehmen, laut jenes Weisen: »Den Thron Hochmütiger hat Gott zerstört und Milde an ihren Platz ◧ B 25
◧ B 26
◧ B 27

Ipse est qui videns afflictionem populi sui in Ægypto et audiens eorum clamorem, Pharaonem tyrannum dejecit cum exercitu suo in mare.

Ipse est qui memoratum Nabuchodonosor prius superbientem, non solum ejectum de regni solio, sed etiam de hominum consortio, in similitudinem bestiæ commutavit. Nec etiam abbreviata manus ejus est, ut populum suum a tyrannis liberare non possit. Promittit enim populo suo per Isajam requiem se daturum a labore et confusione, ac servitute dura, qua antea servierat. Et per Ezech., XXXIV, dicit: »Liberabo meum gregem de ore eorum«, scilicet pastorum qui pascunt seipsos. Sed ut hoc beneficium populus a Deo consequi mereatur, debet a peccatis cessare, quia in ultionem peccati Divina permissione impii accipiunt principatum, dicente Domino per Oseam, XIII: »Dabo tibi regem in furore meo«; et in Job, XXXIV, dicitur quod »regnare facit hominem hypocritam propter peccata populi«. Tollenda est igitur culpa, ut cesset a tyrannorum plaga.

Jes. 14:3
Hes. 34:10
Hos. 13:11
Hiob 34:30

gesetzt.« Er war es, der, als er sein Volk in Ägypten bedrängt sah und dessen Hilferufe hörte, den tyrannischen Pharao mit seinem Heer ins Meer stürzte.

Dem erwähnten, zuvor hochmütigen Nebukadnezar entzog er nicht nur den Königsthron, sondern auch die Gefolgsleute, machte ihn gleichsam zum Tier. Er hat keinen so kurzen Arm, sein Volk nicht von Tyrannen befreien zu können. Durch Jesaja gelobt er seinem Volk, ihm Ruhe zu schenken von Not und Schande und harter Sklaverei, der es vorher gehorcht hatte. Laut Hesekiel sagt er: »Aus ihrem Rachen werde ich meine Herde befreien«, aus dem der Hirten also, die sich selber weiden. Auf dass das Volk diese Gunst von Gott verdiene, soll es von den Sünden lassen. Als Strafe für diese erlangen Frevler mit göttlicher Erlaubnis die Macht; sagt der Herr durch Hosea: »Im Zorn gebe ich dir einen König.« Laut Hiob »lässt er Heuchler herrschen wegen der Sünden des Volks«. Ist die Schuld getilgt, wird es bewahrt vor quälender Tyrannei.

CAPUT VII

Quid præcipue movere debeat regem ad regendum, utrum honor, vel gloria. Opiniones circa hoc, et quid sit tenendum.

Quoniam autem, secundum prædicta, regis est bonum multitudinis quærere, nimis videtur onerosum regis officium nisi ei aliquod proprium bonum ex hoc proveniret. Oportet igitur considerare, in qua re sit boni regis conveniens præmium.

Quibusdam igitur visum est non esse aliud nisi honorem et gloriam, unde et Tullius in libro De republica definit principem civitatis esse alendum gloria; cujus rationem Aristoteles in librum Ethicorum assignare videtur, quia princeps, cui non sufficit honor et gloria, consequenter tyrannus efficitur. Inest enim animis omnium, ut proprium bonum quærant. Si ergo contentus non fuerit princeps gloria et honore, quæret voluptates et divitias, et sic ad rapinas et subditorum injurias convertetur.

Sed si hanc sententiam receperimus, plurima sequuntur inconvenientia. Primo namque hoc regibus dispendiosum esset, si tot labores et sollicitudines paterentur pro mercede tam fragili. Nihil enim videtur in rebus humanis fragilius gloria et honore favoris hominum, cum dependeat ex opinionibus hominum, quibus nihil mutabilius in vita hominum: Et inde est quod Esajas propheta, XL, hujusmodi gloriam nominat florem fœni. Deinde humanæ gloriæ cupido animi magnitudinem aufert. Qui enim favorem hominum quærit, necesse est ut in omni eo quod dicit aut facit eorum voluntati deserviat, et sic dum placere hominibus studet, fit ser-

7. KAPITEL

Ob Ehre oder Ruhm einen Chef bei seiner Führung als Leitlinie dienen müsse. Meinungen hierüber und woran man sich halten soll.

Da dem Gesagten zufolge der Chef das Gemeingut zu suchen habe, wäre seine Pflicht allzu schwer, wenn nicht auch ihm irgendein persönliches Gut daraus entstehen würde. Mithin gilt es zu untersuchen, welcher Art der angemessene Lohn eines guten Chefs sei.

Manchen dünkte es, als bestünde der Lohn bloß aus Ehre und Ruhm. So definiert Cicero in *Über die Republik*, deren Anführer seien mit Ruhm zu versorgen. Den Grund dafür scheint Aristoteles in der *Ethik* zu liefern: Ein Führer, der nicht genug Ehre und Ruhm kriege, werde zwangsläufig zum Tyrannen. Denn jeder suche das eigene Gut. Werde bei einem Führer nicht die Sucht nach Ruhm und Ehre befriedigt, sucht er Orgien und Reichtum und widmet sich der Beraubung und Repression der Untertanen.

Falls wir uns dieser Äußerung anschließen, ergeben sich Ungereimtheiten. Zunächst wäre es für die Chefs nachteilig, Mühen und Sorgen für einen vergänglichen Lohn zu erdulden. Bei Menschen scheint nichts vergänglicher als Ruhm und Gunst der Ehre. Sie richten sich nach den Meinungen der Menschen; nichts wandelt sich rascher. Darum nennt der Prophet Jesaja solchen Ruhm »Grashalm«. Zudem nimmt die Gier nach menschlichem Ruhm dem Geist die Größe. Wer die Gunst der Menschen sucht, hat es nötig, in allem, was er sagt und tut, ihren Willen zu bedienen. So ist er, um den Menschen zu gefallen, Sklave

vus singulorum. Propter quod et idem Tullius in librum De officiis, cavendam dicit gloriæ cupidinem. Eripit enim animi libertatem, pro qua magnanimis viris omnis debet esse contentio. Nihil autem principem, qui ad bona peragenda instituitur, magis decet quam animi magnitudo. Est igitur incompetens regis officio humanæ gloriæ præmium.

Simul etiam est multitudini nocivum, si tale præmium statuatur principibus: Pertinet enim ad boni viri officium ut contemnat gloriam, sicut alia temporalia bona. Virtuosi enim et fortis animi est pro justitia contemnere gloriam sicut et vitam: Unde fit quiddam mirabile, ut quia virtuosos actus sequitur gloria, ipsa gloria virtuose contemnatur, et ex contemptu gloriæ homo gloriosus reddatur, secundum sententiam Fabii dicentis: »Gloriam qui spreverit, veram habebit«; et de Catone dixit Salustius: »Quo minus petebat gloriam, tanto magis assequebatur illam.« Ipsique Christi discipuli se 2 Kor. 6:8 sicut Dei ministros exhibebant »per gloriam et ignobilitatem, per infamiam et bonam famam«. Non est igitur boni viri conveniens præmium gloria, quam contemnunt boni. Si igitur hoc solum bonum statuatur præmium principibus, sequetur bonos viros non assumere principatum, aut si assumpserint, impræmiatos esse.

Amplius. Ex cupidine gloriæ periculosa mala proveniunt. Multi enim dum immoderate gloriam in rebus bellicis quærunt, se ac suos perdiderunt exercitus, libertate patriæ sub hostili potestate redacta: Unde Torquatus, Romanus princeps, in exemplo hujus vitandi discriminis, filium, qui contra imperium suum provocatus ab hoste juvenili ardore pugnavit, licet vicisset, occidit, ne plus mali esset in præsumptionis exemplo, quam utilitatis in gloria hostis occisi.

Habet etiam cupido gloriæ aliud sibi familiare vitium, simulationem videlicet. Quia enim difficile est paucisque contingit veras virtutes assequi, quibus solis honor debetur,

eines Jeden. Deshalb sagt Cicero in *Über die Pflichten*, man Q08
habe sich vor Ruhmsucht zu hüten. Sie raubt die seelische Freiheit, um welche Hochherzige sich bemühen müssen. Einem Oberhaupt, eingesetzt, um Gutes zu bewirken, ziemt nichts mehr als Größe der Seele. Menschlicher Ruhm ist als Lohn für Pflichterfüllung also unzureichend. Ebenso schadet es der Menge, falls den Oberhäuptern ein derartiger Lohn winkt: Zählt es doch zu den Pflichten der Guten, Ruhm wie alles Zeitliche zu verachten. Für die Gerechtigkeit verachten tugendsame und mutige Seelen Ruhm wie Leben. Eine Paradoxie: Da die Tat der Tugend zu rühmen ist, ist Ruhm selber aus Tugend zu verachten. Mancher wird berühmt, eben weil er den Ruhm verachtet;
in den Worten des Fabius: »Wer Ruhm ablehnt, erlangt Q09
ihn.« Von Cato sagt Sallust: »Je weniger er Ruhm erbat, Q10
um so sicherer gewann er ihn.« Selbst die Jünger Christi
leisteten den Dienst an Gott »bei Ruhm und Schande, bei B33
bösen und guten Gerüchten«. Ruhm ist den Guten also nicht als Lohn angemessen; sie verachten ihn. Falls Oberhäuptern nur dies zur Belohnung winkte, folgte daraus, dass Gute die Führungsposition nicht annehmen; haben sie sie doch angenommen, blieben sie ohne Lohn.

Weiter. Aus Ruhmsucht erwachsen Gefahren. Viele verdarben auf maßloser Suche nach Ruhm im Krieg sich und ihre Heere; so lieferten sie ihr freies Vaterland feindlicher Macht aus. Um hiervor zu warnen, richtete der römische
Heerführer Torquatus trotz des Sieges den Sohn hin: Im Q11
Übermut hatte der, gereizt durch Feinde, befehlswidrig angegriffen. Sein Ungehorsam sollte nichts Schlimmeres bewirken als der Ruhm nützt, Feinde zu töten.

Zur Ruhmsucht gehört ein weiteres, mit ihr verwandtes Laster, die Heuchelei. Weil es schwer ist und nur Wenigen gelingt, wahre Tugend zu erreichen, welcher allein Ehre

multi gloriam cupientes, virtutum simulatores fiunt. Propter quod, sicut dicit Salustius: »Ambitio multos mortales falsos fieri coegit. Aliud clausum in pectore, aliud promptum habere in lingua, magisque vultum quam ingenium habere.« Sed et Salvator noster eos, qui bona opera faciunt, Mt. 6:1 ff ut ab hominibus videantur, hypocritas, id est simulatores, vocat. Sicut igitur periculosum est multitudini si princeps voluptates et divitias quærat pro præmio, ne raptor et contumeliosus fiat; ita periculosum est cum detinetur gloriæ præmio, ne præsumptuosus et simulator existat.

Sed quantum ex dictorum sapientium intentione apparet, non ea ratione honorem et gloriam pro præmio principi decreverunt, tanquam ad hoc principaliter ferri debeat boni regis intentio, sed quia tolerabilius est si gloriam quærat, quam si pecuniam cupiat, vel voluptatem sequatur. Hoc enim vitium virtuti propinquius est, cum gloria, quam homines cupiunt, ut ait Augustinus, nihil aliud sit quam judicium hominum bene de hominibus opinantium. Cupido enim gloriæ aliquod habet virtutis vestigium, dum saltem bonorum approbationem quærit et eis displicere recusat. Paucis igitur ad veram virtutem pervenientibus, tolerabilius videtur si præferatur ad regimen qui, vel judicium hominum metuens, a malis manifestis retrahitur.

Qui enim gloriam cupit, aut vera via per virtutis opera nititur ut ab hominibus approbetur, vel saltem dolis ad hoc contendit atque fallaciis. At qui dominari desiderat, si cupiditate gloriæ carens non timeat bene judicantibus displicere, per apertissima scelera quærit plerumque obtinere quod diligit, unde bestias superat sive crudelitatis sive luxuriæ vitiis, sicut in Nerone Cæsare patet, cujus, ut Augustinus dicit, tanta luxuria fuit ut nihil putaretur ab eo virile metuendum, tanta crudelitas ut nihil molle habere putaretur.

Hoc autem satis exprimitur per id quod Aristoteles de mag-

56

gebührt, treibt das viele aus Ruhmsucht dahin, Tugend zu heucheln. »Der Ehrgeiz lässt«, so Sallust, »viele Sterbliche   ◀ Q12 falsch werden. Eingeschlossen in der Brust tragen sie etwas anderes, als sie aussprechen: Mehr Schein als Sein.« Auch unser Erlöser nennt die, die Gutes tun, um von den Menschen gesehen zu werden, *Hypokriten*, d. h. Heuchler. Wie für die Menge Gefahr droht, wenn der Führer Lust und Reichtum als Lohn sucht, dass er raubt und schändet, so gleichfalls, wenn der Lohn des Ruhmes ihn fesselt, dass er anmaßend und heuchlerisch wird.

Soviel der Absicht der genannten Weisen zu entnehmen ist, haben sie freilich keinen Grund für Ehre und Ruhm als Lohn des Führers genannt, als sollte er sie in der Hauptsache anstreben. Eher gingen sie davon aus, es sei erträglicher, nach Ruhm als nach Geld oder Orgien zu trachten. Denn jenes Laster steht der Tugend näher; der Ruhm, den man sucht, ist laut Augustin nichts, als dass Menschen   ◀ Q13 gut über einen denken. Derart enthält Ruhmsucht eine Spur von Tugend. Sie strebt nach Beifall der Guten und schreckt zurück, ihnen zu missfallen. Weil bloß Wenige zu wahrer Tugend gelangen, ist es wohl erträglich, den zur Leitung vorzuziehen, der sich, das Urteil der Menschen fürchtend, durch es von Untaten zurückhalten lässt.

Wer Ruhm sucht, versucht es geradewegs durch Taten der Tugend, um Anerkennung zu finden, oder durch List und Tücke. Wer sich aber nur Macht wünscht, wird offenbare Verbrechen einsetzen, weil er aufgrund *fehlender* Ruhmsucht missbilligende Urteile nicht fürchtet. Damit übertrifft er Bestien an den Lastern Grausamkeit und Prasserei wie Kaiser Nero, von dessen Prasserei Augustin sagt, nie-   ◀ Q14 mand fürchtete seine Männlichkeit, und von dessen Grausamkeit, keiner hielte ihn für verweiblicht.

Dies versteht man durch das, was Aristoteles in der *Ethik*   ◀ Q15

nanimo in Ethicorum dicit, quod non quærit honorem et gloriam quasi aliquid magnum quod sit virtutis sufficiens præmium, sed nihil ultra hoc ab hominibus exigit. Hoc enim inter omnia terrena videtur esse præcipuum, ut homini ab hominibus testimonium de virtute reddatur.

über Großmütigkeit sagt. Er sieht Ehre und Ruhm nicht als das Große, das hinreichend Lohn der Tugend sei, aber er fordert vom Menschen nicht mehr. Denn das scheint unter allem Irdischen speziell zu sein, wenn die Tugend von jemandem durch die Mitmenschen bezeugt wird.

CAPUT VIII

Qualis est verus finis regis, qui movere debet ipsum ad bene regendum.

Quoniam ergo mundanus honor et hominum gloria regiæ sollicitudini non est sufficiens præmium, inquirendum restat quale sit eidem sufficiens.

Est autem conveniens ut rex præmium expectet a Deo. Minister enim pro suo ministerio præmium expectat a domino; rex autem, populum gubernando, minister Dei est, dicente Apostolo, Rom., XIII, quod »omnis potestas a Domino Deo est«, et »quod est Dei minister vindex in iram ei qui male agit«; et in libero Sap. reges Dei esse ministri describuntur. Debent igitur reges pro suo regimine præmium expectare a Deo. Remunerat autem Deus pro suo ministerio reges interdum temporalibus bonis, sed talia præmia sunt bonis malisque communia; unde dominus Ezech., XXIX, dicit: »Nabuchodonosor rex Babylonis servire fecit exercitum suum servitute magna adversus Tyrum, et merces non est reddita ei nec exercitui ejus de Tyro, pro servitute qua servivit mihi adversus eam«, ea scilicet servitute qua »potestas«, secundum Apostolum, »Dei minister est, vindex in iram ei qui male agit«; et postea de præmio subdidit: »Propterea hæc dicit Dominus Deus: Ecce ego dabo Nabuchodonosor regem Babylonis in terra Ægypti, et diripiet spolia ejus, et erit merces exercitui ejus.« Si ergo reges iniquos contra Dei hostes pugnantes, licet non intentione serviendi Deo, sed sua odia et cupiditates exequendi, tanta mercede Dominus remunerat ut de hostibus victoriam tribuat, regna subjiciat et spolia diripienda proponat, quid

8. KAPITEL

Worin das wahre Ziel des Chefs besteht, durch das er sich zu guter Führung antreiben lassen sollte.

Da weltliche Ehre und Ruhm bei den Menschen für die Bemühung eines Chefs kein angemessener Lohn sind, bleibt uns zu untersuchen, welcher hinreichte.

Angemessen ist, dass der Chef Lohn von Gott erwartet. Der Diener erwartet Lohn für seinen Dienst vom Herrn; der Chef ist nun in der Steuerung des Volkes ein Diener Gottes. Der Apostel sagt, »alle Macht ist von Gott dem Herrn«, und »Werkzeug Gottes, im Zorn Mittel der Rache an dem, der übeltut«. Auch Salomos Weisheit bezeichnet Könige als Diener Gottes. Chefs haben also den Lohn für ihre Führung von Gott zu erwarten. Gott vergilt Chefs den Dienst bisweilen mit zeitlichen Gütern, die Bösen und Guten aber gemeinsam sind. »Nebukadnezar, König von Babylon«, sagt der Herr, »ließ sein Heer gegen Tyrus hart dienen, aber weder ihm noch seinem Heer wurde der Dienst beim Kampf vor Tyrus vergolten.« (Dienst im Sinn des Apostels, der von »Macht« sagt, sie sei »Werkzeug Gottes, im Zorn Mittel der Rache an dem, der übeltut«.) Dann fügt er den Lohn hinzu: »Darum spricht Gott der Herr: Siehe, ich will Nebukadnezar, König von Babylon, nach Ägypten senden, wo er plündern und mit der Beute sein Heer besolden wird.« Belohnt der Herr Frevler, die gegen die Feinde Gottes kämpfen, obwohl nicht, um ihm zu dienen, sondern bloß, um Hass und Gier zu stillen, mit Sieg über Feinde, Eroberung fremder Reiche und Beute, was erst wird er Guten gewähren, die, das Herz fromm

faciet bonis regibus, qui pia intentione Dei populum regunt
et hostes impugnant? Non quidem terrenam, sed æternam
mercedem eis promittit, nec in alio quam in seipso, dicente
1 Petr. 5:2 Petro pastoribus populi Dei, I. Petr., XV: »Pascite qui in vobis est gregem domini, ut cum venerit princeps pastorum«,
id est rex regum, Christus, »percipiatis immarcescibilem
Jes. 28:5 gloriæ coronam«, de qua dicit Isa., XXVIII: »Erit Dominus
sertum exultationis et diadema gloriæ populo suo.«
Hoc autem ratione manifestatur. Est enim mentibus omnium
ratione utentium inditum, virtutis præmium beatitudinem
esse. Virtus enim uniuscujusque rei describitur, quæ
bonum facit habentem, et opus ejus bonum reddit. Ad hoc
autem quisque bene operando nititur pervenire, quod est
maxime desiderio inditum; hoc autem est esse felicem,
quod nullus potest non velle. Hoc igitur præmium virtutis
convenienter expectatur quod hominem beatum facit.
Si autem bene operari virtutis est opus, regis autem opus
est bene regere subditos, hoc etiam erit præmium regis,
quod eum faciat esse beatum. Quid autem hoc sit, hinc considerandum est.

Beatitudinem quidem dicimus ultimum desideriorum finem. Neque enim desiderii motus usque in infinitum procedit; esset enim inane naturale desiderium, cum infinita
pertransiri non possint. Cum autem desiderium intellec-
tualis naturæ sit universalis boni, hoc solum bonum vere
beatum facere poterit, quo adepto nullum bonum restat
quod amplius desiderari possit: Unde et beatitudo dicitur
bonum perfectum, quasi omnia desiderabilia in se com-
prehendens. Tale autem non est aliquod bonum terrenum:
Nam qui divitias habent, amplius habere desiderant, et
simile patet in cæteris. Et si ampliora non quærunt, desiderant tamen ut ea permaneant, vel alia in locum eorum succedant. Nihil enim permanens invenitur in rebus terrenis,

Gott gewidmet, ihr Volk regieren und dessen Feinde be- ◁ A 71
kämpfen? Statt irdischer verheißt er ihnen ewige Wohl-
tat, in keinem Anderen als sich selber, wie Petrus den
Hirten des Volkes Gottes sagt: »Weidet die, die in euch die ◁ B 37
Herde Gottes sind. So der Herr aller Hirten« (Christus,
König aller Könige) »kommt, erhaltet ihr die nie welkende
Krone des Ruhms«, von der Jesaja sagt: »Der Herr wird ◁ B 38
seinem Volk Siegerkranz und Ruhmeswürde sein.«
Dies zeigt sich auch der Vernunft. Alles vernunftbegabte
Denken begreift, dass Glück Lohn der Tugend sei. Denn
als Tugend von etwas hat zu gelten, dass es dem Eigen-
tümer ebenso wie seinem Werk Güte verleiht. Nun strebt
man an, durch gutes Handeln das zu erlangen, was man
am meisten herbeisehnt; dies aber ist, froh zu sein. Es ist ◁ A 33
unmöglich, dass einer das nicht will. Man erwartet also
zu recht als Lohn der Tugend das, was glücklich macht.
Wenn nun gut zu handeln ein Akt der Tugend ist, der Akt
des Chefs aber, die Untergebenen gut zu führen, wird, was
den Chef glücklich macht, sein Lohn sein. Was dies aber
sei, ist nun zu erwägen.
Glücksgefühl sei, so sagen wir, das Endziel des Strebens, ◁ Ü 10
denn kein Streben vermag ohne Ende weiter anzutreiben;
anders bliebe natürliches Streben ziellos – Unendliches
lässt sich nämlich nicht erreichen. Da jeder Verständige
nach dem übergeordneten Gut strebt, macht allein jenes
Gut wirklich glücklich, dessen Erlangung kein weiteres zu
wünschen übrig lässt. Drum heißt Glück ein vollendetes
Gut, weil es alles Erstrebenswerte einschließt. Doch kein
irdisches Gut ist solcher Art; der Reiche strebt an, noch
mehr zu besitzen; ähnlich verhält es sich mit den übrigen.
Selbst wenn man nicht auf mehr aus ist, erstrebt man
doch, dass der Besitz Dauer habe oder sonst was an seine
Stelle trete. Nichts Bleibendes findet sich auf Erden, also

nihil igitur terrenum est quod quietare desiderium possit. Neque igitur terrenum aliquod beatum facere potest, ut possit esse regis conveniens præmium.

Adhuc. Cujuslibet rei finalis perfectio et bonum completum ab aliquo superiore dependet, quia et ipsa corporalia meliora redduntur ex adjunctione meliorum, pejora vero, si deterioribus misceantur. Si enim argento misceatur aurum, argentum fit melius, quod ex plumbi admixtione impurum efficitur. Constat autem terrena omnia esse infra mentem humanam. Beatitudo autem est hominis finalis perfectio et bonum completum ad quod omnes pervenire desiderant. Nihil igitur terrenum est quod hominem possit beatum facere; nec igitur terrenum aliquod est præmium regis sufficiens. »Non enim«, ut Augustinus dicit, »Christianos principes ideo felices dicimus, quia diutius imperarunt, vel imperatores filios morte placida reliquerunt, vel hostes reipublicæ domuerunt, vel cives adversum se insurgentes et cavere et opprimere potuerunt; sed felices eos dicimus si juste imperant, si malunt cupiditatibus potius quam gentibus quibuslibet imperare, si omnia faciunt non propter ardorem inanis gloriæ, sed propter charitatem felicitatis æternæ. Tales imperatores Christianos felices dicimus, interim spe, postea re ipsa futuros, cum id quod expectamus advenerit.« Sed nec aliquid aliud creatum est, quod beatum hominem faciat et possit regi decerni pro præmio. Tendit enim uniuscujusque rei desiderium in suum principium, a quo esse suum causatur. Causa vero mentis humanæ non est aliud quam Deus, qui eam ad suam imaginem facit. Solus igitur Deus est qui hominis desiderium quietare potest, et facere hominem beatum, et esse regi conveniens præmium.

Amplius. Mens humana universalis boni cognoscitiva est per intellectum, et desiderativa per voluntatem; bonum autem universale non invenitur nisi in Deo. Nihil ergo est quod

gibt es nichts Irdisches, das das Streben stillen kann. Darum kann nichts Irdisches so glücklich machen, als dass es der angemessene Lohn für einen Chef wäre.

Zudem. Ist etwas endgültig vollkommen und ein in sich abgeschlossenes Gut, so liegt dies an etwas Höherem. Etwa wird Materie besser im Verbund mit Besserem und schlechter gemischt mit Minderem. Fügt man Silber Gold bei, wird es besser, indessen Beifügung von Blei es unrein macht. Fest steht, dass Irdisches geringer ist als der Geist des Menschen. Glück ist endgültiges Ziel des Menschen und sein vollkommenes Gut, das alle erstreben. Daher kann kein irdisches Gut den Menschen glücklich machen, also auch kein hinreichender Lohn für einen Chef sein.

»Nicht deshalb«, sagt Augustin, »nennen wir christliche ◄ Q 16 Kaiser glücklich, weil sie stetig herrschten, nach sanftem Tod ihrem Sohn den Thron hinterließen, Feinde der Republik bezwangen, Aufruhr unter den Bürgern verhüten oder unterdrücken konnten; vielmehr dann, wenn sie gerecht regieren, lieber ihre Süchte als Völker beherrschen, handeln nicht brennend für eitlen Ruhm, sondern aus Liebe zur wahren ewigen Freude. Die christlichen Führer nennen wir glücklich, einstweilen hoffend, künftig aber voll und ganz, wenn eingetroffen ist, was wir erwarten.«

Unter dem Erschaffenen ist nichts, was das Glück des Menschen bewirkt und dem Chef zum Lohn gereicht. Denn alles strebt zu seinem Prinzip zurück, das es verursacht hat. Ursache menschlichen Geistes ist Gott, der ihn nach seinem Bild formt. Gott allein also vermag, das menschliche Streben zu stillen, den Menschen glücklich zu machen und gebührender Lohn des Chefs zu sein.

Mehr. Der menschliche Geist erkennt ein übergeordnetes Gut qua Verstand und erstrebt es qua Willen. Ein übergeordnetes Gut aber lässt sich bloß in Gott finden. Außer

possit hominem beatum facere, ejus implendo desiderium,
nisi Deus, de quo dicitur in Psalm., CII[I]: »… qui replet in
bonis desiderium tuum«; in hoc ergo rex suum præmium
statuere debet. Hoc igitur considerans David rex dicebat,
Psalm., LXXII[I]: »Quid mihi est in cælo et a te quid volui super terram?« Cui quæstioni postea respondens, subjungit:
»Mihi autem adhærere Deo bonum est et ponere in domino Deo spem meam.« Ipse enim est qui dat salutem regibus, non solum temporalem, qua communiter salvat homines et jumenta, sed etiam eam de qua, per Isa., LI, dicit: »Salus autem mea in sempiternum erit«, qua homines salvat,
eos ad æqualitatem Angelorum perducens.

Sic igitur verificari potest quod regis præmium sit honor et
gloria. Quis enim mundanus et caducus honor huic honori
similis esse potest, ut homo »sit civis et domesticus Dei«, et
inter Dei filios computatus hæreditatem regni cælestis asse-
quatur cum Christo? Hic est honor quem concupiscens et
admirans rex David dicebat, Psalm., CXXX[IX]: »Nimis ho-
norati sunt amici tui, Deus.« Quæ insuper humanæ laudis
gloria huic comparari potest, quam non fallax blandientium
lingua, non decepta hominum opinio profert, sed ex inte-
rioris conscientiæ testimonio producitur et Dei testimonio
confirmatur, qui suis confessoribus repromittit quod con-
fiteatur eos in gloria Patris coram Angelis Dei?

Qui autem hanc gloriam quærunt, eam inveniunt, et quam
non quærunt gloriam hominum, consequuntur, exemplo
Salomonis, qui non solum sapientiam, quam quæsivit, accepit a Domino, sed factus est super reges alios gloriosus.

66

Gott kann Menschen nichts glücklich machen und ihr Streben sättigen, wie es im Psalm heißt: »... der dein Streben mit Gutem erfüllt.« Darin muss der Chef seinen Lohn setzen. So erwägt König David: »Was bin ich im Himmel und was wollte ich von dir auf Erden?« In der Antwort auf diese Frage fügt er hinzu: »Mein Gut aber ist es, an Gott zu hängen und auf Gott den Herrn meine Hoffnung zu setzen.« Denn er ist es, der die Chefs rettet, nicht bloß zeitlich, wie er allgemein Mensch und Tier rettet, sondern auch so, wie er durch Jesaja sagt: »Meine Rettung währt in alle Ewigkeit.« Jene Rettung, durch die er die Menschen rettet und zu den Engeln erhebt.

Man kann also als wahr zugestehen, Ehre und Ruhm seien Lohn der Chefs. Denn welch irdische und flüchtige Ehre gleicht der, »Bürger und Hausgenosse Gottes« zu werden, zu Gottes Kindern zu zählen und mit Christus das Erbe des Himmelreichs anzutreten? Der Ehre, über die König David, als er sie begehrte, staunte: »Allzu geehrt sind deine Freunde, Gott!« Welch Ruhm menschlichen Lobs gleicht dem, der keinen Lügenmäulern der Schmeichler, keinen Irrungen der Menschen, vielmehr dem Zeugnis des inneren Gewissens entstammt, bezeugt von Gott, der seinen Bekennern verspricht, sich in der Herrlichkeit des Vaters vor der Schar der Engel zu ihnen zu bekennen?

Wer diesen Ruhm sucht, finden ihn und erlangt zudem den Ruhm der Menschen, den er nicht sucht; Salomo etwa, der über die ersuchte Weisheit hinaus vom Herrn an irdischem Ruhm über alle anderen Chefs erhoben wurde.

CAPUT IX

Quod præmium regum et principum tenet supremum gradum in beatitudine cælesti, multis rationibus ostenditur et exemplis.

Considerandum autem restat ulterius, quod et eminentem obtinebunt cælestis beatitudinis gradum, qui officium regium digne et laudabiliter exequuntur. Si enim beatitudo virtutis est præmium, consequens est ut majori virtuti major gradus beatitudinis debeatur. Est autem præcipua virtus, qua homo aliquis non solum seipsum, sed etiam alios dirigere potest; et tanto magis, quanto plurium est regitiva: Quia et secundum virtutem corporalem tanto aliquis virtuosior reputatur, quanto plures vincere potest, aut pondera plura levare. Sic igitur major virtus requiritur ad regendum domesticam familiam, quam ad regendum seipsum, multoque major ad regimen civitatis et regni. Est igitur excellentis virtutis bene regium officium exercere; debetur igitur ei excellens in beatitudine præmium.

Adhuc. In omnibus artibus et potentiis laudabiliores sunt qui alios bene regunt, quam qui secundum alienam directionem bene se habent. In speculativis enim majus est veritatem aliis docendo tradere, quam quod ab aliis docetur capere posse. In artificiis etiam majus existimatur majorique conducitur pretio architector, qui ædificium disponit, quam artifex, qui secundum ejus dispositionem manualiter operatur. Et in rebus bellicis majorem gloriam de victoria consequitur prudentia ducis, quam militis fortitudo. Sic autem se habet rector multitudinis in his quæ a singulis secundum virtutem sunt agenda, sicut doctor in disciplinis,

9. KAPITEL

Der Lohn von Königen und Oberhäuptern nimmt im himmlischen Glück den höchsten Stellenwert ein. Viele Gründe und Beispiele belegen das.

Es bleibt noch festzuhalten, dass denen, die das Amt des Chefs mit lobenswerter Würde versehen, ein hohes Maß himmlischen Glücks zukommt. Wenn Glück der Lohn der Tugend ist, zieht folglich größere Tugend größeres Glück nach sich. Eine vorzügliche Tugend besteht darin, nicht bloß sich selbst, sondern auch Andere führen zu können, je mehr, desto besser: Bezogen auf seine körperliche Verfassung hält man den für stärker, der mehr Feinde bezwingen und größere Gewichte heben kann. So ist mehr Tugend nötig, um einen Haushalt als sich selbst zu leiten; ein vieles mehr, um eine Bürgerschaft oder ein Königreich. Darum erfordert das Amt des Chefs eine ganz besondere Tugend und ihm steht ein ganz besonderes Glück als Lohn zu.

Außerdem. In allen Künsten und Fertigkeiten zählt jeweils der mehr, der Andere gut leitet, als der, der sich von Anderen gut anleiten lässt. In der Bildung bedeutet es mehr, Anderen die Wahrheit zu vermitteln als sie von Anderen zu lernen. Im Handwerk erhält der Architekt mehr Gehalt, der Gebäude plant, als der Baumeister, der einen Plan händisch ausführt. Im Krieg erntet die Umsicht des Feldherrn, der zum Sieg führt, mehr Ruhm als die Tapferkeit der Soldaten. Dergestalt verhält auch der Leiter, der durch seine einzigartige Tugend wirkt, sich zur Gruppe wie der Lehrer zur Schule, der Architekt zum Bau und der

et architector in ædificiis et dux in bellis. Est igitur rex majori præmio dignus, si bene subjectos gubernaverit, quam aliquis subditorum, si sub rege bene se habuerit.

Amplius. Si virtutis est, ut per eam opus hominis bonum reddatur, majoris virtutis esse videtur quod majus bonum per eam aliquis operetur. Majus autem et divinius est bonum multitudinis quam bonum unius: Unde interdum malum unius sustinetur si in bonum multitudinis cedat, sicut occiditur latro ut pax multitudini detur. Et ipse Deus mala esse in mundo non sineret nisi ex eis bona eliceret ad utilitatem et pulchritudinem universi. Pertinet autem ad regis officium ut bonum multitudinis studiose procuret. Majus igitur præmium debetur regi pro bono regimine quam subdito pro bona actione.

Hoc autem manifestius fiet, si quis magis in speciali consideret. Laudatur enim ab hominibus quævis privata persona, et ei a Deo computatur in præmium, si egenti subveniat, si discordes pacificet, si oppressum a potentiore eripiat, denique si alicui qualitercumque opem vel consilium conferat ad salutem. Quanto igitur magis laudandus est ab hominibus et præmiandus a Deo, qui totam provinciam facit pace gaudere, violentias cohibet, justitiam servat, et disponit quid sit agendum ab hominibus suis legibus et præceptis? Hinc etiam magnitudo regiæ virtutis apparet, quod præcipue Dei similitudinem gerit, dum agit in regno quod Deus in mundo: Unde et in Exod., XXII, judices multitudinis dii vocantur. Imperatores etiam apud Romanos dii vocabantur. Tanto autem est aliquid Deo acceptius, quanto magis ad ejus imitationem accedit: Unde et Apostolus monet, Ephes., V: »Estote imitatores Dei, sicut filii charissimi.«

Sed si, secundum Sapientis sententiam, »omne animal diligit simile sibi«, secundum quod causæ aliqualiter similitudinem habent causati, consequens igitur est bonos reges

Feldherr zum Krieg. Der Chef ist deshalb, insofern er die Untergebenen gut steuert, des größeren Lohns würdig als jeder Untergebene, der sich wohlverhält.

Mehr. Wenn es Tugend ist, dass sie das Tun der Menschen gut macht, scheint sie um so größer zu sein, desto mehr Gutes sie bewirkt. Größer und göttlicher ist das Gut einer Gruppe als des Einzelnen: Manchmal ist das Übel eines Einzelnen zu dulden, falls es um das Gut der Gruppe geht, wie die Hinrichtung eines Verbrechers, um der Gruppe Frieden zu sichern. Gott ließe keine Übel zu, erwüchse hieraus nicht Gutes, Nützliches und Schönes für die Welt. Zur Pflicht des Chefs gehört es, für das Gut der Gruppe zu eifern. Darum gebührt ihm für gute Führung mehr Lohn als einem Untergebenen für angeleitetes gutes Tun.

Näher betrachtet wird das noch klarer. Jede Privatperson erhält von Menschen Lob und von Gott Lohn, die Bedürftigen hilft, Zank schlichtet, von Machthabern Unterdrückte befreit, oder sonst auf eine Weise mit Rat und Tat zur Seite steht. Um wieviel mehr ist einer von den Menschen zu loben und von Gott zu belohnen, der ganze Landstriche mit Frieden erfreut, Gewalt verhindert, Gerechtigkeit walten lässt und für das Tun der Menschen weise Gesetze und Regeln macht?

Die Größe der Tugend des Chefs zeigt sich im Gleichnis zu Gott; jener handelt in seinem Bereich wie dieser in der Welt. Deshalb werden bei Mose die Richter »Götter« genannt wie die deifizierten Imperatoren bei den Römern. Gott ist etwas desto genehmer, je ähnlicher es ihm ist.

Darum mahnt der Apostel: »Ahmt Gott nach, als wärt ihr seine geliebten Kinder.«

Wenn nach Ansicht des Weisen im Sinne von Ähnlichkeit zwischen Verursachtem und seiner Ursache »jedes Tier seinesgleichen liebt«, folgt hieraus, dass Gott die guten

Deo esse acceptissimos, et ab eo maxime præmiandos. Simul etiam, ut Gregorii verbis utar: »Quid est tempestas maris, nisi tempestas mentis? Quieto autem mari recte navem etiam imperitus dirigit, turbato autem mari tempestatis fluctibus etiam peritus nauta confunditur: Unde et plerumque in occupatione regiminis, ipse quoque boni operis usus perditur, qui in tranquillitate tenebatur.« Valde enim difficile est si, ut Augustinus dicit, »inter linguas sublimantium et honorantium, et obsequia nimis humiliter salutantium non extollantur, sed se homines esse meminerint.« Et in Eccl., XXXI, dicitur: »Beatus vir qui post aurum non abiit, nec speravit in pecuniæ thesauris. Qui potuit impune transgredi et non est transgressus, facere mala et non fecit.« Ex quo quasi in virtutis opere probatus invenitur fidelis, unde secundum Biantis proverbium: »Principatus virum ostendit.« Multi enim ad principatus culmen pervenientes, a virtute deficiunt, qui, dum in statu essent infimo, virtuosi videbantur. Ipsa igitur difficultas quæ principibus imminet ad bene agendum, eos facit majori præmio dignos, et si aliquando per infirmitatem peccaverint, apud homines excusabiliores redduntur et facilius a Deo veniam promerentur, si tamen, ut Augustinus ait pro suis peccatis humilitatis et miserationis et orationis sacrificium Deo suo vero immolare non negligunt. In cujus rei exemplum de Achab, rege Israel, qui multum peccaverat, dominus ad Heliam dixit: »Quia humiliatus est Achab, non inducam hoc malum in diebus suis.«

Non autem solum ratione ostenditur quod regibus excellens præmium debeatur, sed etiam auctoritate Divina firmatur. Dicitur enim in Zachar., XII, »quod in illa beatitudinis die qua erit Dominus protector habitantibus in Hierusalem«, id est in visione pacis æternæ, aliorum domus erunt sicut domus David, quia scilicet omnes reges erunt et regnabunt

Chefs am meisten schätzt und sie groß belohnt. Um die Worte Gregors zu benutzen: »Was ist ein Sturm auf See verglichen mit einem Sturm in der Seele? Bei ruhiger See kann man auch unkundig das Schiff richtig lenken; eine vom Sturm aufgewühlte See verwirrt gar erfahrene Seemänner. Dabei geht in der Mühe um Beherrschung bisweilen auch das in Ruhe erarbeitete Gelungene zu Bruch.« Wie bei Augustin steht, fällt es überaus schwer, »dass man zwischen Schmeichlern, Heuchlern und Kriechern nicht abhebt, vielmehr sich erinnert, Mensch zu sein«. Sirach sagt: »Glücklich, wer nicht wegen Gold fehlgeht und Geld nicht hortet; der straflos hätte übergriffig sein können, aber es nicht war, Böses tun, es aber nicht tat.« Wer die Tugend trotz Versuchung wahrt, wird für treu befunden nach dem Spruch des Bias: »In der Führung bewährt man sich.« Denn Viele in Führungspositionen heben ab, obwohl sie in untergeordneter Position tugendsam zu sein schienen. Gerade wegen der Schwierigkeit, Gutes zu tun, macht das die würdigen Köpfe lobenswert. Falls sie aber schwach werden und sündigen, entschuldigen das sowohl die Menschen als auch Gott in jenem Fall, dass sie laut Augustin ihrem wahren Gott für ihre Sünden Opfer darbringen, sich erniedrigen und um Gnade bitten. Als Beispiel hierfür lässt sich anführen, was der Herr über Ahab, den König von Israel, zu Elias gesagt hat: »Weil Ahab sich erniedrigt hat, will ich ihm in seinen Tagen kein Übel zufügen.«

Nicht nur argumentativ ist darzulegen, dass Chefs ein besonderer Lohn zusteht, sondern auch durch göttliche Autorität. Sacharja sagt nämlich: »An jenem glücklichen Tag wird der Herr alle Einwohner Jerusalems schützen«; das ist die Vision des ewigen Friedens, in der jedes Haus ist wie das Haus Davids, also Alle König sind und mit dem

cum Christo, sicut membra cum capite; sed domus David erit sicut domus Dei, quia sicut regendo fideliter Dei officium gessit in populo, ita in præmio Deo propinquius erit et inhærebit. Hoc etiam fuit apud gentiles aliqualiter somniatum, dum civitatum rectores atque servatores in deos transformari putabant.

Gesalbten herrschen wie Glieder mit ihrem Haupt. Das Haus Davids wird wie das Haus Gottes sein, denn es hat Gott treu ergeben das Volk geführt, also mehr bleibenden Lohn von Gott erhalten. Dies scheint auch vage den Heiden vorgeschwebt zu haben, als sie ihre Oberhäupter und Beschützer der Ortschaften zu Göttern erklärten.

CAPUT X

Quod rex et princeps studere debet ad bonum regimen propter bonum sui ipsius et utile quod inde sequitur; cujus contrarium sequitur regimen tyrannicum.

Cum regibus tam grande in cælesti beatitudine præmium proponatur si bene in regendo se habuerint, diligenti cura seipsos observare debent ne in tyrannidem convertantur. Nihil enim eis acceptabilius esse debet quam quod ex honore regio, quo sublimantur in terris, in cælestis regni gloriam transferantur. Errant vero tyranni, qui propter quædam terrena commoda justitiam deserunt; qui tanto privantur præmio, quod adipisci poterant juste regendo. Quod autem stultum sit pro hujusmodi parvis et temporalibus bonis maxima et sempiterna perdere bona, nullus, nisi stultus aut infidelis, ignorat.

Addendum est etiam quod hæc temporalia commoda, propter quæ tyranni justitiam deserunt, magis ad lucrum proveniunt regibus dum justitiam servant. Primo namque inter mundana omnia nihil est, quod amicitiæ dignæ præferendum videatur. Ipsa namque est quæ virtuosos in unum conciliat, virtutem conservat atque promovet. Ipsa est qua omnes indigent in quibuscumque negotiis peragendis, quæ nec prosperis importune se ingerit, nec deserit in adversis. Ipsa est quæ maximas delectationes affert, in tantum ut quæcumque delectabilia in tædium sine amicis vertantur. Quælibet autem aspera, facilia et prope nulla facit amor; nec est alicujus tyranni tanta crudelitas, ut amicitia non delectetur. Dionysius enim, quondam Syracusanorum tyrannus, cum duorum amicorum, qui Damon et Pythias diceban-

10. KAPITEL

Der König bzw. das Oberhaupt muss bereits wegen nützlicher Folgen und aus purem Eigennutz auf gute Führung bedacht sein. Sonst folgt Tyrannei.

Da Chefs so großer Lohn im himmlischen Glück winkt, wenn sie gut führen, sollten sie mit großer Sorge darauf achten, nicht in Tyrannei abzugleiten. Nichts hätte für sie mehr Wert, als die Würde, die sie auf Erden empfangen, in die Herrlichkeit des Himmelreichs zu überführen. Einem Irrtum erliegen Tyrannen, die irdischer Vorteile halber von der Gerechtigkeit abweichen und sich des Lohnes berauben, der für gerechte Führung winken würde. Wie dumm es ist, um solcher kleinen und vergänglichen Güter willen das größere und ewige Gut aufzugeben, das nur ein Dummkopf oder Ungläubiger verachtet!

Hinzuzufügen bleibt, dass genau diese zeitlichen Vorteile, für die Tyrannen von der Gerechtigkeit ablassen, jene erhalten, die der Gerechtigkeit dienen. In der ganzen Welt scheint nichts einer würdigen Freundschaft vorzuziehen zu sein. Sie verbündet Tugendsame, bewahrt Tugenden und spornt sie an. Man braucht sie, was auch immer man anstrebt. Bei Erfolg ist sie nicht aufdringlich; bei Misserfolg lässt sie nicht im Stich. Sie erfüllt mit so großer Freude, dass manches an sich Erfreuliche ohne sie Ekel erregt. Die Liebe macht alles Schwere leicht, ja, fast nichtig. Selbst der grausamste Tyrann ist unfähig, an der Freundschaft keinen Gefallen zu finden. Als Dionysios, einst der Tyrann in Syrakus, von den beiden Freunden Damon und Pythias einen hinrichten lassen wollte, bat der zum Tode

◄ Q21

tur, alterum occidere vellet, is, qui occidendus erat, inducias impetravit ut domum profectus res suas ordinaret; alter vero amicorum sese tyranno ob fidem pro ejus reditu dedit. Appropinquante autem promisso die, nec illo redeunte, unusquisque fidejussorem stultitiæ arguebat. At ille nihil se metuere de amici constantia prædicabat. Eadem autem hora, qua fuerat occidendus, rediit. Admirans autem amborum animum, tyrannus supplicium propter fidem amicitiæ remisit, insuper rogans ut eum tertium reciperent in amicitiæ gradu.

Hoc autem amicitiæ bonum, quamvis desiderent tyranni, consequi tamen non possunt. Dum enim commune bonum non quærunt, sed proprium, fit parva vel nulla communio eorum ad subditos. Omnis autem amicitia super aliqua communione firmatur. Eos enim qui conveniunt, vel per naturæ originem, vel per morum similitudinem, vel per cujuscumque societatis communionem, videmus amicitia conjungi. Parva igitur vel potius nulla est amicitia tyranni et subditi; simulque dum subditi per tyrannicam injustitiam opprimuntur, et se amari non sentiunt sed contemni, nequaquam amant. Nec habent tyranni unde de subditis conquerantur si ab eis non diliguntur, quia nec ipsi tales seipsis exhibent ut diligi ab eis debeant. Sed boni reges, dum communi profectui studiose intendunt et eorum studio subditi plura commoda se assequi sentiunt, diliguntur a plurimis, dum subditos se amare demonstrant, quia et hoc est majoris malitiæ quam quod in multitudine cadat, ut odio habeantur amici et benefactoribus rependatur malum pro bono.

Et ex hoc amore provenit ut bonorum regum regnum sit stabile, dum pro ipsis se subditi quibuscumque periculis exponere non recusant: Cujus exemplum in Julio Cæsare apparet, de quo Suetonius refert quod milites suos usque adeo diligebat ut, audita quorumdam cæde, capillos et barbam

Verurteilte für die Regelung häuslicher Angelegenheiten
um Aufschub; der Freund stellte sich dem Tyrannen als
Geisel zur Verfügung bis zur Rückkehr des Anderen. Der
festgesetzte Tag nahte, der Freund blieb aus. Da nannte
man den Bürgen einen Dummkopf. Der jedoch zweifelte
nicht am Freund. Zu genau der Stunde, als der Bürge hin-
gerichtet werden sollte, tauchte sein Freund auf. Den Mut
dieser beiden Freunde bewundernd, erließ der Tyrann um
der Freundschaft willen die Strafe und bat darum, in ihren
Bund als Dritter aufgenommen zu werden.

Wie sehr Tyrannen sich nach dem Gut der Freundschaft
auch sehnen, sie können es nicht haben. Da sie nicht das
gemeinsame, sondern eigene Gut suchen, gibt es wenig
oder keine Gemeinsamkeit mit den Untertanen. Freundschaft gründet jedoch in Gemeinsamkeiten wie Natur der
Herkunft, ähnlichem Lebensstil oder Interessen, die sich
in der Freundschaft zu verbinden scheinen. Die Freundschaft zwischen Tyrann und Untertanen beläuft sich auf
null, zumal der Tyrann die Untertanen ungerecht nieder-
drückt; sie fühlen, dass er sie verachtet, nicht liebt, und
lieben deshalb ihn nicht. Dass die Untertanen ihm nicht
zugeneigt sind, hierüber darf ein Tyrann sich nicht be-
schweren, denn er verhält sich entsprechend. Aber viele
Untergebene mögen den guten Chef, der auf das gemeinsame Vorankommen bedacht ist und seine Liebe zu den
Untergebenen zeigt. Es ist nicht davon auszugehen, dass
die Mehrheit so verdorben ist, die Freunde zu hassen und
Gutes mit Bösem zu vergelten.

Aus dieser Liebe folgt, dass das gut geführte Land stabil
ist, weil die Untergebenen nicht zögern, für es Gefahren
auf sich zu nehmen. Als ein Beispiel mag Julius Cäsar
herhalten. Sueton berichtet, seine Soldaten habe er so ge-
schätzt, dass er, als er hörte, einige seien getötet worden,

ante non dempserit quam vindicasset: Quibus rebus devotissimos sibi et strenuissimos milites reddidit, ita quod plerique eorum capti, concessam sibi sub ea conditione vitam, si militare adversus Cæsarem vellent, recusarent. Octavianus etiam Augustus, qui modestissime imperio usus est, in tantum diligebatur a subditis ut plerique morientes victimas quas devoverant immolari mandarent, quia eum superstitem reliquissent. Non est ergo facile ut principis perturbetur dominium, quem tanto consensu populus amat, propter quod Salomon dicit, Prov., XXIX: »Rex qui judicat in justitia pauperes, thronus ejus in æternum firmabitur.« Tyrannorum vero dominium diuturnum esse non potest, cum sit multitudini odiosum. Non potest enim diu conservari quod votis multorum repugnat. Vix enim a quoquam præsens vita transigitur quin aliquas adversitates patiatur. Adversitatis autem tempore, occasio deesse non potest contra tyrannum insurgendi: Et ubi adsit occasio, non deerit ex multis vel unus qui occasione non utatur. Insurgentem autem populus votive prosequitur: Nec de facili carebit effectu, quod cum favore multitudinis attentatur. Vix ergo potest contingere quod tyranni dominium protendatur in longum. Hoc etiam manifeste patet, si quis consideret unde tyranni dominium conservatur. Non enim conservatur amore, cum parva vel nulla sit amicitia subjectæ multitudinis ad tyrannum, ut ex præhabitis patet. De subditorum autem fide tyrannis confidendum non est. Non enim invenitur tanta virtus in multis, ut fidelitatis virtute reprimantur ne indebitæ servitutis jugum, si possint, excutiant. Fortassis autem nec fidelitati contrarium reputabitur secundum opinionem multorum, si tyrannicæ nequitiæ qualitercumque obvietur. Restat ergo ut solo timore tyranni regimen sustentetur, unde et timeri se a subditis tota intentione procurant. Timor autem est debile fundamentum.

Haar und Bart nicht scheren ließ, bis sie gerächt waren. Damit gewann er ergebene Soldaten, die es, in Gefangenschaft geraten, ablehnten, sich das Leben schenken zu lassen, wenn sie hierfür gegen Cäsar kämpfen mussten. Kaiser Augustus war ein moderater Herrscher, und viele Untertanen zollten ihm ihre Achtung, indem sie ihm auf dem Sterbebett ein Tieropfer vermachten, dankbar, dass er sie überlebt habe. Es ist also nicht leicht, den Machthaber zu erschüttern, den das Volk einmütig liebt, wie es Salomo sagt: »Der Thron eines Königs, der die Armen mit Gerechtigkeit behandelt, wird in Ewigkeit stehen.«

Dagegen kann die Herrschaft eines Tyrannen nicht von Dauer sein, weil die Massen ihn hassen. Nichts ist haltbar, was gegen das Votum der Massen verstößt. Irgendwann gerät alles irdische Leben in Schwierigkeiten, und in einer schwierigen Lage fehlt es nicht an Gelegenheiten zum Aufstand gegen den Tyrannen: Wenigstens einer in den Massen wird sie nicht verstreichen lassen. Ihm wird das Volk Erfolg wünschen. Was die Massen wollen, lässt sich auf lange Sicht nicht verhindern. Darum wird die Herrschaft eines Tyrannen kaum lange währen.

Dies gründet auch deutlich darin, *wie* der Tyrann seine Herrschaft aufrecht erhält, nämlich nicht durch Liebe, denn es zeigte sich, dass der Tyrann in den Massen der Untertanen keine Freunde hat. Auch auf deren Treue kann er nicht bauen. Denn bei den Massen findet sich keine Tugend derart, dass Treue sie hindert, das Joch unverdienter Knechtschaft womöglich abzuschütteln. Vielleicht verstößt es nach Ansicht der Massen nicht gegen die Treue, sich niederträchtiger Tyrannen zu entledigen. Das Regime des Tyrannen kann sich also nur auf Furcht stützen, die mit allen Kräften bei den Untertanen geschürt wird. Furcht aber ist eine hinfällige Grundlage.

Nam qui timore subduntur, si occurrat occasio qua possint
impunitatem sperare, contra præsidentes insurgunt eo
ardentius quo magis contra voluntatem ex solo timore
cohibebantur. Sicut si aqua per violentiam includatur, cum
aditum invenerit impetuosius fluit. Sed nec ipse timor caret
periculo, cum ex nimio timore plerique in desperationem
inciderint. Salutis autem desperatio audacter ad quælibet
attendenda præcipitat. Non potest igitur tyranni dominium
esse diuturnum.

Hoc etiam non minus exemplis quam rationibus apparet. Si
quis enim antiquorum gesta et modernorum eventus consideret, vix inveniet dominium tyranni alicujus diuturnum
fuisse. Unde et Aristoteles in sua Politica, multis tyrannis
enumeratis, omnium demonstrat dominium brevi tempore
fuisse finitum, quorum tamen aliqui diutius præfuerunt
quia non multum in tyrannide excedebant, sed quantum ad
multa imitabantur regalem modestiam.

Adhuc autem hoc magis fit manifestum ex consideratione
divini judicii. Ut enim in Job, XXXIV, dicitur: »Regnare facit
hominem hypocritam propter peccata populi.« Nullus
autem verius hypocrita dici potest quam qui regis assumit
officium et exhibet se tyrannum. Nam hypocrita dicitur qui
alterius repræsentat personam, sicut in spectaculis fieri consuevit. Sic igitur Deus præfici permittit tyrannos ad punien-
dum subditorum peccata. Talis autem punitio in Scripturis
ira Dei consuevit nominari. Unde per Oseam, XIII, Dominus
dicit: »Dabo vobis regem in furore meo.« Infelix est autem
rex qui populo in furore Dei conceditur. Non enim ejus stabile potest esse dominium, quia »non obliviscetur misereri
Deus, nec continebit in ira sua misericordias suas«, quinimmo per Jœl, II, dicitur »quod est patiens, et multæ miseri-
cordiæ, et præstabilis super malitia«. Non igitur permittit
Deus diu regnare tyrannos, sed post tempestatem per eos

Die durch Furcht Unterworfenen erheben sich, sobald sie
es straflos tun können, um so leidenschaftlicher gegen
den Führer, je mehr allein Furcht ihn ihnen gegen ihren
Willen aufgezwungen hat – so wie das angestaute Wasser
gewaltig abfließt. Selbst aus aufrecht erhaltener Furcht
resultiert Bedrohung, denn aus großer Furcht entsteht
Verzweiflung. Die Unsicherheit treibt zu Verzweiflungs-
taten. Darum kann die Herrschaft eines Tyrannen nicht
von Dauer sein.

Dies folgt ebenso aus Beispielen wie aus Vernunft. Wer
die ältere und neue Geschichte überblickt, sieht, dass die
Herrschaft von Tyrannen kaum je dauerhaft war. So zählt
Aristoteles in seiner *Politik* viele Tyrannen auf, deren ◁ Q 24
Herrschaft nur eine kurze Weile bestanden hat. Wenige
regierten lange, und auch das bloß, weil sie die Tyrannei
nicht übertrieben und in mancherlei Hinsicht sich einer
Mäßigung ihrer Führung befleißigt haben.

Durch Heranziehen der Heiligen Schrift wird dies noch
deutlicher. So heißt es bei Hiob: »Er lässt Heuchler herr- ◁ B 51
schen wegen der Sünden des Volks.« Auf niemanden passt
der Begriff »Heuchler« besser als auf den Chef, der nach ◁ A 22
Amtsübernahme zum Tyrannen wird. Denn Heuchler ist,
wer einen Anderen darstellt, als er ist, wie das im Schau-
spiel geschieht. Gott lässt also Tyrannen regieren, um die
Sünden des Volks zu bestrafen. Die Schrift nennt solche
Strafen auch Zorn Gottes. Bei Hosea sagt der Herr: »Ich ◁ B 52
werde euch einen König geben in meinem Zorn.« Glücklos
ist der Chef, den Gott dem Volk aus Zorn vorsetzt. Seine
Herrschaft ist instabil, weil Gott »nicht vergisst, gnädig ◁ B 53
zu sein, und trotz Zorn sich dem Erbarmen nicht ver-
schließt«, und weil Gott, wie Joel sagt, »Geduld hat, Er- ◁ B 54
barmen zeigt und siegt über das Übel«. Gott lässt also
nicht nur die Tyrannei zu, sondern lässt durch ihren Sturz

inductam populo, per eorum dejectionem tranquillitatem
Sir. 10:14 inducet. Unde Eccl., X, dicit: »Sedes ducum superborum
destruxit Deus, et sedere fecit mites pro eis.«
Experimento etiam apparet quod reges magis per justitiam
adipiscuntur divitias quam per rapinam tyranni. Quia enim
dominium tyrannorum subjectæ multitudini displicet, ideo
opus habent tyranni multos habere satellites per quos contra subditos tuti reddantur, in quibus necesse est plura expendere quam a subditis rapiant. Regum autem dominium,
quod subditis placet, omnes subditos pro satellitibus ad
custodiam habet, in quibus expendere opus non est; sed
interdum in necessitatibus plura regibus sponte donant,
quam tyranni diripere possint; et sic impletur quod Salo-
Spr. 11:24 mon dicit, Prov., XI: »Alii«, scilicet reges, »dividunt propria
benefaciendo subjectis, et ditiores fiunt. Alii«, scilicet tyranni, »rapiunt non sua, et semper in egestate sunt.« Similiter autem justo Dei contingit judicio ut qui divitias injuste
congregant, inutiliter eas dispergant, aut etiam juste aufe-
Pred. 5:9 rantur ab eis. Ut enim Salomon Eccl., V, dicit: »Avarus non
implebitur pecunia, et qui amat divitias fructum non capiet
Spr. 15:27 ex eis«; quinimmo ut Prov., XV, dicit: »Conturbat domum
suam, qui sectatur avaritiam.« Regibus vero, qui justitiam
1 Kön. 5 quærunt, divitiæ adduntur a Deo, sicut Salomon, qui, dum
sapientiam quæsivit ad faciendum judicium, promissionem
de abundantia divitiarum accepit.
De fama vero superfluum videtur dicere. Quis enim dubitet
bonos reges non solum in vita, sed magis post mortem quodammodo laudibus hominum vivere, et in desiderio haberi;
malorum vero nomen aut statim deficere, vel si excellentes
in malitia fuerint, cum detestatione eorum rememorari?
Spr. 10:7 Unde Salomon dicit, Proverbiorum, X: »Memoria justi cum
laudibus, nomen autem impiorum putrescet«, quia vel de-
ficit, vel remanet cum fœtore.

nach einem Sturm auch wieder Ruhe im Volk einkehren.
So sagt Sirach: »Den Stuhl hat Gott den überheblichen
Führern entzogen und Milde an ihre Stelle gesetzt.«
Aus der Erfahrung ergibt sich klar, dass das Haupt durch
Gerechtigkeit mehr gewinnt als der Tyrann durch Raub.
Da die Tyrannei der unterworfenen Mehrheit missfällt,
bedarf es vieler Büttel, um sie vor den Untertanen zu be-
schützen; dafür muss mehr ausgeben werden, als bei den
Untertanen zu holen ist. Die Führung durch jemanden,
dem die Untergebenen zugetan sind, beschützt ein jeder
Untergebene; es ist unnötig, Büttel anzustellen. Und in
Notzeiten geben sie der Führung freiwillig mehr, als ein
Tyrann je raffen könnte; damit wird erfüllt, was Salomo
sagt: »Einige«, die Könige, »teilen ihr Eigentum für wohl-
tätige Zwecke und werden wohlhabender. Andere«, die
Tyrannen, »rauben, was ihnen nicht zusteht, und leiden
Mangel.« Ähnlich ist es Gottes gerechtes Urteil, dass jene,
die unrechtmäßig zu Reichtum gelangen, ihn vergeuden
oder er ihnen zu Recht abgenommen wird. Salomo: »Geiz
wird vom Geld nicht satt, und wer Reichtum liebt, wird
aus ihm keine Frucht ziehen«, und: »Wer dem Geiz erliegt,
zerstört sein Haus.« Die gerecht regieren, bekommen von
Gott aber zusätzlich Reichtum, wie Salomo, der nur um
Weisheit bei der Rechtsprechung bat, obendrein das Ver-
sprechen von reichlich Überfluss empfing.
Vom Ruf zu sprechen, ist wohl hinfällig. Wer hat Zweifel,
dass der gute Chef über seinen Tod hinaus im Lob der
Menschen fortlebt und in Erinnerung bleibt? Die Namen
der Schlechten werden verlöschen oder aufgrund großer
Gewalttaten bloß mit Abscheu erinnert. Deswegen sagt
Salomo: »Des Gerechten erinnert man sich mit Lob, der
Name der Frevler hingegen verfault«, er verschwindet oder
bleibt als Gestank.

CAPUT XI

Quod bona etiam mundialia, ut sunt divitiæ, potestas, honor et fama, magis proveniunt regibus quam tyrannis, et de malis in quæ incurrunt tyranni etiam in hac vita.

Ex his ergo manifestum est quod stabilitas potestatis, divitiæ, honor et fama magis regibus quam tyrannis ad votum proveniunt, propter quæ tamen indebite adipiscenda declinat in tyrannidem princeps. Nullus enim a justitia declinat nisi cupiditate alicujus commodi tractus.

Privatur insuper tyrannus excellentissima beatitudine, quæ regibus debetur pro præmio, et, quod est gravius, maximum tormentum sibi acquirit in pœnis. Si enim qui unum hominem spoliat, vel in servitutem redigit, vel occidit, maximam pœnam meretur, quantum quidem ad judicium hominum mortem, quantum vero ad judicium Dei damnationem æternam; quanto magis putandum est tyrannum deteriora mereri supplicia, qui undique ab omnibus rapit, contra omnium libertatem laborat, pro libito voluntatis suæ quoscumque interficit?

Tales insuper raro pœnitent, vento inflati superbiæ, merito peccatorum a Deo deserti et adulationibus hominum delibuti, et rarius digne satisfacere possunt. Quando enim restituent omnia quæ præter justitiæ debitum abstulerunt? Ad quæ tamen restituenda nullus dubitat eos teneri. Quando recompensabunt eis quos oppresserunt et injuste qualitercumque læserunt?

Adjicitur autem ad eorum impœnitentiam quod omnia sibi licita existimant, quæ impune sine resistentia facere potu-

11. KAPITEL

Von den Gütern der Welt – Reichtum, Macht, Ehre und Ansehen – erhalten gute mehr als tyrannische Chefs. Und Übel holen die Tyrannen auch bereits in diesem Leben ein.

◄ A71

Es ist folglich so, dass Stabilität von Macht, Reichtum, Ehre und Ansehen guten mehr als tyrannischen Chefs zuteil wird. Aber ausgerechnet diese »Güter« locken sie auf die Abwege der Tyrannei. Denn niemand ist ungerecht, wenn nicht eine Sucht ihn mitreißt.

Der Tyrann beraubt sich überdies des größten Glücks, das dem Chef als Lohn winkt, und, was noch schwerer wiegt, sichert sich die quälendsten Strafen. Wenn jemand, der ◄ A39 *einen* Menschen beraubt, versklavt oder tötet, härteste Bestrafung verdient – vor dem irdischen Gericht den Tod, vor dem Gericht Gottes ewige Verdammung –, um wieviel stärkere Qualen müssen wir dem Tyrannen an den Hals wünschen, der alle ausplündert, die Freiheit von jedem untergräbt und nach seinem geringsten Gutdünken Hinrichtungen veranstaltet?

Solche Leute bereuen selten, platzen vor Hochmut, Gott hat sie wegen ihrer Sünden verlassen, Schmeichler verwöhnen sie, selten leisten sie Wiedergutmachung; wie könnten sie es bei allem, was sie sich der Gerechtigkeit zuwider aneigneten! Dass sie dazu verpflichtet wären, steht außer Frage. Wie aber könnten sie die Unterdrückten und ungerecht Beraubten entschädigen!

Darüber hinaus erlauben sie sich ohne Reuegefühl alles das, was sie, ohne auf Widerstand zu treffen, straflos tun ◄ A40

Hungersnot
Bengalen (Indien), 1943

Hungersnot
China, 1958-1961

erunt: Unde non solum emendare non satagunt quæ male fecerunt, sed sua consuetudine pro auctoritate utentes, peccandi audaciam transmittunt ad posteros, et sic non solum suorum facinorum apud Deum rei tenentur, sed etiam eorum quibus apud Deum peccandi occasionem reliquerunt.

Aggravatur etiam eorum peccatum ex dignitate suscepti officii. Sicut enim terrenus rex gravius punit suos ministros, si invenit eos sibi contrarios; ita Deus magis puniet eos, quos sui regiminis executores et ministros facit, si nequiter agant, Dei judicium in amaritudinem convertentes. Unde et in libro Sap., VI, ad reges iniquos dicitur: »Quoniam cum essetis ministri regni illius, non recte judicastis, neque custodistis legem justitiæ nostræ, neque secundum voluntatem Dei ambulastis, horrende et cito apparebit vobis quoniam judicium durissimum his qui præsunt fiet. Exiguo enim conceditur misericordia, potentes autem potenter tormenta patientur.« Et Nabuchodonosor per Isa., XIV, dicitur: »Ad infernum detraheris in profundum laci. Qui te viderint, ad te inclinabuntur« teque prospicient, quasi profundius in pœnis submersum.

Si igitur regibus abundant temporalia bona et proveniunt, et excellens beatitudinis gradus præparatur a Deo, tyranni autem a temporalibus bonis quæ cupiunt plerumque frustrantur, multis insuper periculis subjacentes, et, quod est amplius, bonis æternis privantur ad pœnas gravissimas reservati, vehementer studendum est his, qui regendi officium suscipiunt, ut reges se subditis præbeant, non tyrannos.

De rege autem quid sit, et quod expediat multitudini regem habere; adhuc autem quod præsidi expediat se regem multitudini exhibere subjectæ, non tyrannum, tanta a nobis dicta sint.

können: Sie machen derart nicht bloß nicht die eigenen Fehltritte wett, vielmehr geben sie sie mit ihrem Vorbild der Sünde an ihre Nachfolger weiter, und sind Gott nicht nur für das eigene Tun Rechenschaft schuldig, sondern auch dafür, dass sie Anderen die Gelegenheit verschaffen, ebenfalls vor Gott zu sündigen.

◁ A41

Bei der Sünde wirkt sich erschwerend die Würde des Amts aus. Der irdische König bestraft bei Verrat seine Minister härter als Andere. So straft Gott jene mehr, die er zu den Ausführenden und Gehilfen seines Willens macht, wenn sie falsch handeln und sein Urteil in Bitterkeit verkehren. Bei der Weisheit heißt es über frevelnde Könige: »Da ihr dem Reich dientet, aber nicht gerecht urteiltet, weder unserem Gesetz gehorchtet noch auf den Wegen Gottes wandeltet, ereilt das Urteil jene schrecklich und jäh, die an der Spitze stehen. Gnade ist nicht zu erwarten und die Machthaber werden mächtige Qualen erleiden.« Und zu Nebukadnezar wird durch Jesaja gesagt: »In die tiefste Tiefe der Hölle wirst du fahren. Wer dich sieht, wird sich zu dir hinabbeugen« und erkennen, in wie tiefer Strafe du versunken bist.

◁ B60

◁ B61

Da weltliche Güter bei guten Chefs im Überfluss gedeihen und Gott für sie das höchstmögliche Glück bereit hält, die Tyrannen die weltlichen Güter, die sie begehren, oft aber verlieren sowie vielen Gefahren unterliegen und, mehr noch, wegen der für sie reservierten Strafen die ewigen Güter einbüßen, sollte jeder, der ein Amt übernimmt, erstreben, ein guter Chef und kein Tyrann zu sein.

◁ A71

Zur guten Führungskraft und darüber, wie befreiend es für die Massen sei, eine solche zu haben, und wie befreiend für das Oberhaupt, bei der Masse der Untergebenen nicht als Tyrann aufzutreten, haben wir nun genug gesagt.

◁ A42

CAPUT XII

Procedit ad ostendendum regis officium, ubi secundum viam naturæ ostendit regem esse in regno sicut anima est in corpore et sicut Deus est in mundo.
Consequens autem ex dictis est considerare quod sit regis officium et qualem oporteat esse regem.

Quia vero ea quæ sunt secundum artem imitantur ea quæ sunt secundum naturam, ex quibus accipimus ut secundum rationem operari possimus, optimum videtur regis officium a forma regiminis naturalis assumere. Invenitur autem in rerum natura regimen et universale et particulare. Universale quidem, secundum quod omnia sub Dei regimine continentur, qui sua providentia universa gubernat. Particulare autem regimen maxime quidem divino regimini simile est, quod invenitur in homine, qui ob hoc minor mundus appellatur, quia in eo invenitur forma universalis regiminis. Nam sicut universa creatura corporea et omnes spirituales virtutes sub divino regimine continentur, sic et corporis membra et cæteræ vires animæ a ratione reguntur, et sic quodammodo se habet ratio in homine sicut Deus in mundo.

Sed quia, sicut supra ostendimus, homo est animal naturaliter sociale in multitudine vivens, similitudo divini regiminis invenitur in homine non solum quantum ad hoc quod per rationem regitur unus homo, sed etiam quantum ad hoc quod per rationem unius hominis regitur multitudo: Quod maxime pertinet ad officium regis, dum et in quibusdam animalibus, quæ socialiter vivunt, quædam similitudo invenitur hujus regiminis, sicut in apibus, in quibus et reges esse dicuntur, non quod in eis per rationem sit regimen, sed per

12. KAPITEL

Weiter zur Pflicht einer Führungskraft; Nachweis, dass sie in ihrem Bereich von Natur aus das ist, was die Seele im Leib und Gott in der Welt.

Nach dem Gesagten ist zu erwägen, welche Pflicht eine Führungskraft hat und wiebeschaffen sie sein muss.

Alles, was man anfertigt, ahmt die Natur nach. Dies erst macht vernünftiges Handeln möglich. Es erscheint somit als optimal, die Pflicht der Führungskraft aus der Form natürlicher Abläufe herzuleiten. In der Natur finden wir die universelle und die partikulare Form. Die universelle gründet in der Leitung Gottes, der alles zusammenhält und gemäß seiner Vorsehung steuert. Die partikulare, die göttlicher Lenkung am nächsten steht, ist bei Menschen zu finden. Sie bezeichnet man hierum als *Mikrokosmos*,   ◁ Ü 12
in welchem auch eine Form universeller Lenkung stattfindet. Wie Gott das Universum körperlicher Geschöpfe und geistiger Kräfte lenkt, so den animalischen Anteil der Menschen deren Seele; deswegen hat die Vernunft im Menschen die Funktion wie Gott in der Welt.

Da der Mensch wie gesagt ein Tier ist, das in Gruppen zusammenlebt, findet Ähnlichkeit mit göttlicher Lenkung sich nicht bloß im individuellen Menschen, sondern auch dort, wo die Vernunft eines Einzelnen die Gruppe lenkt: Dies ist die erste Pflicht einer jeden Führungskraft, denn auch bei einigen Tieren, die gesellig zusammenleben, wie den Bienen, lässt sich von einer ähnlichen Art Lenkung sprechen, freilich nicht im Sinne einer Lenkung durch die Vernunft, sondern durch einen natürlichen Instinkt,

instinctum naturæ inditum a summo regente, qui est auctor
naturæ.

Hoc igitur officium rex suscepisse cognoscat, ut sit in regno
sicut in corpore anima et sicut Deus in mundo. Quæ si
diligenter recogitet, ex altero justitiæ in eo zelus accenditur,
dum considerat ad hoc se positum ut loco Dei judicium
regno exerceat; ex altero vero mansuetudinis et clementiæ
lenitatem acquirit, dum reputat singulos, qui suo subsunt
regimini, sicut propria membra.

der ihnen von ihrem obersten Lenker gegeben wurde,
dem Autor der Natur.

Die Führungskraft hat zu erkennen, dass das ihre Pflicht
ist, nämlich zu sein wie die Seele im Körper und Gott in
der Welt. Befleißigt sie sich ihrer, wird sie zum einen für
die Gerechtigkeit entbrennen, weil sie weiß, dass sie an
Gottes statt zu urteilen hat; zum anderen wird sie, weil sie
ihre Untergebenen als Glieder des eigenen Körpers wahr-
nimmt, Milde und Güte walten lassen.

◁ A 43

CAPUT VIII

Assumit ex hac similitudine modum regiminis, ut sicut Deus unamquamque rem distinguit quodam ordine et propria operatione et loco, ita rex subditos suos in regno; et eodem modo de anima.

Oportet igitur considerare quid Deus in mundo faciat: Sic enim manifestum erit quid immineat regi faciendum. Sunt autem universaliter consideranda duo opera Dei in mundo. Unum quo mundum instituit, alterum quo mundum institutum gubernat. Hæc etiam duo opera anima habet in corpore. Nam primo quidem virtute animæ informatur corpus, deinde vero per animam corpus regitur et movetur.

Horum autem secundum quidem magis proprie pertinet ad regis officium. Unde ad omnes reges pertinet gubernatio, et a gubernationis regimine regis nomen accipitur.

Primum autem opus non omnibus regibus convenit. Non enim omnes regnum aut civitatem instituunt, in quo regnant, sed regno ac civitati jam institutis regiminis curam impendunt. Est tamen considerandum quod nisi præcessisset qui institueret civitatem aut regnum, locum non haberet gubernatio regni. Sub regis enim officio comprehenditur etiam institutio civitatis et regni. Nonnulli enim civitates instituerunt, in quibus regnarent, ut Ninus Ninivem, et Romulus Romam.

Similiter etiam ad gubernationis officium pertinet ut gubernata conservet, ac eis utatur ad quod sunt constituta. Non igitur gubernationis officium plene cognosci poterit si institutionis ratio ignoretur. Ratio autem institutionis regni ab exemplo institutionis mundi sumenda est: In quo primo

Bestimmung der Form der Führung: Wie Gott jedes Ding eigentümlich ordnet und an seine Stelle setzt, so muss die Führungskraft mit den Untergebenen verfahren; gleiches gilt für die Seele.

Es ist zu erwägen, wie Gott in der Welt wirkt: Hieraus ergibt sich, was der Führungskraft zu tun droht. Allgemein wirkt Gott auf zweierlei Weisen in der Welt. Eine ist, wie er sie einrichtet, die andere, wie er die eingerichtete Welt steuert. Diese Wirkweisen sind auch der Seele im Körper eigen. So formt die Kraft der Seele den Körper und dann wird der Körper von der Seele bewegt und gelenkt.

Die zweite dieser Weisen zählt zur Pflicht der Führungskraft. Jede Führungskraft steuert, und von der Steuerung der Führung hat sie ihren Namen.

Die erste dieser Weisen ist nicht die Sache aller Führungskräfte. Nicht jede gründet ein Land oder eine Stadt, übernimmt vielmehr die Führung dessen, was ein Anderer einst gründete. Aber hätte es den, der das Land oder die Stadt gründete, nicht gegeben, so wäre es unmöglich, die Führung nun zu übernehmen. Die Gründung einer Stadt oder eines Landes ist jedenfalls ein mögliches Werk einer Führungskraft. Einige haben Städte gegründet, die sie führten, wie Ninos die Stadt Ninive und Romulus Rom.

Ebenso gehört es zur Pflicht der Führung, das Geführte zu erhalten und in dessen Sinne zu nutzen. Darum lässt sich die Pflicht der Führung nicht ganz erkennen, wenn man den Sinn des Geführten ignoriert. Der Sinn der Gründung eines Landes lässt sich ablesen an jenem der

consideratur ipsarum rerum productio, deinde partium mundi ordinata distinctio. Ulterius autem singulis mundi partibus diversæ rerum species distributæ videntur, ut stellæ cælo, volucres æri, pisces aquæ, animalia terræ: Deinde singulis ea, quibus indigent, abundanter divinitus provisa videntur.

Hanc autem institutionis rationem Moyses subtiliter et diligenter expressit. Primo enim rerum productionem proponit, dicens: »In principio creavit Deus cælum et terram«; deinde secundum ordinem convenientem omnia divinitus distincta esse denuntiat, videlicet diem a nocte, a superioribus inferiora, mare ab arida. Hinc cælum luminaribus, avibus ærem, mare piscibus, animalibus terram ornatam refert: Ultimo assignatum hominibus terræ animaliumque dominium. Usum vero plantarum tam ipsis quam animalibus cæteris ex providentia divina denuntiat.

Institutor autem civitatis et regni de novo producere homines et loca ad inhabitandum et cætera vitæ subsidia non potest, sed necesse habet his uti quæ in natura præexistunt, sicut etiam cæteræ artes operationis suæ materiam a natura accipiunt, ut faber ferrum, ædificator ligna et lapides in artis usum assumunt. Necesse est igitur institutori civitatis et regni primum quidem congruum locum eligere, qui salubritate habitatores conservet, ubertate ad victum sufficiat, amœnitate delectet, munitione ab hostibus tutos reddat. Quod si aliquid de dicta opportunitate deficiat, tanto locus erit convenientior quanto plura vel magis necessaria de prædictis habuerit.

Deinde necesse est ut locum electum institutor civitatis aut regni distinguat secundum exigentiam eorum quæ perfectio civitatis aut regni requirit. Puta, si regnum instituendum sit, oportet providere quis locus aptus sit urbibus constituendis, quis villis, quis castris, ubi constituenda sint

Welt: Zuerst werden die Dinge erschaffen, dann die Teile in eine Weltordnung gebracht. Des weiteren sieht man, wie die Teile der Welt ihren Gattungen zugeteilt wurden, Sterne dem Himmel, Vögel der Luft, Fische dem Wasser, Tiere der Erde: Alles scheint durch göttliche Fügung mit dem, dessen es bedarf, reichlich ausgestattet zu sein.

Diese Gründungsordnung hat Mose genau und sorgsam ausgedrückt. Wo er sagt: »Im Anfang schuf Gott Himmel und Erde«, stellt er die Schöpfung der Dinge an den Beginn. Dann zeigt er, wie alles in eine sinnvolle Ordnung gebracht wurde, also Tag und Nacht, Oben und Unten, Wasser und Land. Es folgt die Bestückung des Himmels mit Licht, des Meeres mit Fischen, der Erde mit Tieren. Schließlich wurde den Menschen nach göttlichem Willen die Verfügung über Erde und Tiere gegeben, ebenso über Pflanzen und die übrigen Wesen.

Wer eine Stadt oder ein Land gründen will, vermag die Menschen und ihren Wohnort sowie die weiteren lebenswichtigen Dinge nicht neu zu erschaffen, sondern muss gebrauchen, was er in der Natur vorfindet, so wie andere Künste ihre Materie aus der Natur beziehen, der Schmied Eisen, der Baumeister Holz und Steine. Der Gründer einer Stadt oder eines Landes muss also erst einen Ort wählen, geeignet dafür, mit seiner Fruchtbarkeit die Bewohner gesund zu ernähren, mit seiner Lage zu erfreuen, aber auch Schutz vor Feinden zu bieten. Fehlt einer dieser Vorzüge, ist der Ort in dem Maß geeignet, wie er von dem unbedingt Notwendigen des Gesagten reichlich bietet.

Als nächstes ist es nötig, dass der Gründer der Stadt oder des Landes den erwählten Ort derart gestaltet, jeweils seiner Perfektionierung zu dienen. Beispielsweise muss, falls es sich um ein Land handelt, vorgesehen werden, wo Städte, wo Dörfer, wo Studienplätze, wo Übungsgelände

studia litterarum, ubi exercitia militum, ubi negotiatorum conventus, et sic de aliis quæ perfectio regni requirit. Si autem institutioni civitatis opera detur, providere oportet quis locus sit sacris, quis juri reddendo, quis artificibus singulis deputandus.

Ulterius autem oportet homines congregare, qui sunt congruis locis secundum sua officia deputandi. Demum vero providendum est ut singulis necessaria suppetant secundum uniuscujusque constitutionem et statum: Aliter enim nequaquam posset regnum vel civitas commanere.

Hæc igitur sunt, ut summarie dicatur, quæ ad regis officium pertinent in institutione civitatis aut regni, ex similitudine institutionis mundi assumpta.

für das Militär, wo Märkte sich errichten lassen und alles, was für ein funktionierendes Land erforderlich ist. Wenn es sich um eine Stadtgründung handelt, muss vorgesehen werden, wo Heiligtümer, wo Gerichtsgebäude, wo die jeweiligen Handwerke angesiedelt werden können. ◄ Ü 13

Darüber hinaus wären die Menschen zu versammeln, die für ihre Berufsausübung bestimmter Räumlichkeiten bedürfen, sowie jeden mit dem auszustatten, was für seine spezielle Situation nötig ist: Andernfalls wird das Land oder die Stadt nicht florieren.

Das ist es also grob gesprochen, was abgeleitet aus der Schöpfungsgeschichte die Pflicht einer Führungskraft bei der Gründung von Stadt oder Land ausmacht. ◄ A 44

CAPUT XIV

Quis modus gubernandi competat regi, quia secundum modum gubernationis divinæ: Qui quidem modus gubernandi a gubernatione navis sumpsit initium, ubi et ponitur comparatio sacerdotalis navis sumpsit initium, ubi et ponitur comparatio sacerdotalis dominii et regalis.

Sicut autem institutio civitatis aut regni ex forma institutionis mundi convenienter accipitur, sic et gubernationis ratio ex gubernatione sumenda est.

Est tamen præconsiderandum quod gubernare est, id quod gubernatur, convenienter ad debitum finem perducere. Sic etiam navis gubernari dicitur dum per nautæ industriam recto itinere ad portum illæsa perducitur. Si igitur aliquid ad finem extra se ordinetur, ut navis ad portum, ad gubernatoris officium pertinebit non solum ut rem in se conservet illæsam, sed quod ulterius ad finem perducat. Si vero aliquid esset, cujus finis non esset extra ipsum, ad hoc solum intenderet gubernatoris intentio ut rem illam in sua perfectione conservaret illæsam.

Et quamvis nihil tale inveniatur in rebus post ipsum Deum, qui est omnibus finis, erga id tamen, quod ad extrinsecum ordinatur, multipliciter cura impeditur a diversis. Nam forte alius erit qui curam gerit ut res in suo esse conservetur; alius autem ut ad altiorem perfectionem perveniat, ut in ipsa navi, unde gubernationis ratio assumitur, manifeste apparet. Faber enim lignarius curam habet restaurandi si quid collapsum fuerit in navi, sed nauta sollicitudinem gerit ut navem perducat ad portum. Sic etiam contingit in homine. Nam

14. KAPITEL

Auf welche Art das Oberhaupt zu steuern hat, insofern sie sich von der göttlichen Steuerung herleitet. Dies geht von der Art der Steuerung eines Schiffes aus. Es ergibt sich ein Vergleich zwischen Priester und Schiff sowie dann einer zwischen Priester und Oberhaupt.

Wie die Gründung einer Stadt oder eines Landes sich aus der Schöpfung der Welt ablesen lässt, so die Methode der Steuerung jener bzw. jenes aus derjenigen dieser.

Vorausgeschickt sei, dass Steuerung darin besteht, das Gesteuerte ins geschuldete Ziel zu bringen. Wenn man sagt, ein Schiff werde gelenkt, bringt der Schiffsführer es durch sein Geschick heile in den Hafen. Sobald etwas auf etwas abzielt, das außerhalb seiner selbst liegt, wie das Schiff auf den Hafen, ist es die Pflicht des Lenkers, nicht nur die Sache selbst zu erhalten, sondern auch das Ziel zu erreichen. Liegt das Ziel nicht außerhalb der Sache, wäre die Aufgabe der Steuerung damit erledigt, die Sache in der ihr je eigenen Vollkommenheit zu erhalten.

Obzwar nichts über Gott als Gesamtziel Hinausgehendes zu finden ist, verlangt es manch einem die Sorge um die Dinge ab, die auf etwas Äußeres gerichtet sind. Der eine bemüht sich um die Erhaltung von Dingen, ein anderer um deren Vervollkommnung, wie es beim Schiff, von dem die Methode der Steuerung abgeleitet wurde, zutage tritt. Der Zimmerer bemüht sich um die Ausbesserung, wenn es beschädigt wurde, der Nautiker hingegen darum, das Schiff in den Hafen zu lenken. Genauso ist dies auch bei

medicus curam gerit ut vita hominis conservetur in sanitate; œconomus, ut suppetant necessaria vitæ; doctor autem curam gerit ut veritatem cognoscat; institutor autem morum, ut secundum rationem vivat. Quod si homo non ordinaretur ad aliud exterius bonum, sufficerent homini curæ prædictæ. Sed est quoddam bonum extrinsecum homini quamdiu mortaliter vivit, scilicet ultima beatitudo, quæ in fruitione Dei expectatur post mortem. Quia, ut Apostolus ait II. ad Cor., V: »Quamdiu sumus in corpore, peregrinamur a Domino.« Unde homo Christianus, cui beatitudo illa est per Christi sanguinem acquisita, et qui pro ea assequenda spiritus sancti arrham accepit, indiget alia spirituali cura per quam dirigatur ad portum salutis æternæ; hæc autem cura per ministros Ecclesiæ Christi fidelibus exhibetur.

2 Kor. 5:6

Idem autem oportet esse judicium de fine totius multitudinis, et unius. Si igitur finis hominis esset bonum quodcumque in ipso existens, et regendæ multitudinis finis ultimus esset similiter ut tale bonum multitudo acquireret et in eo permaneret; et si quidem talis ultimus sive unius hominis sive multitudinis finis esset corporalis, vita et sanitas corporis, medici esset officium. Si autem ultimus finis esset divitiarum affluentia, œconomus rex quidam multitudinis esset. Si vero bonum cognoscendæ veritatis tale quid esset, ad quod posset multitudo pertingere, rex haberet doctoris officium. Videtur autem finis esse multitudinis congregatæ vivere secundum virtutem. Ad hoc enim homines congregantur ut simul bene vivant, quod consequi non posset unusquisque singulariter vivens; bona autem vita est secundum virtutem; virtuosa igitur vita est congregationis humanæ finis.
Hujus autem signum est quod hi soli sunt partes multitudinis congregatæ, qui sibi invicem communicant in bene vivendo. Si enim propter solum vivere homines convenirent, animalia et servi essent pars aliqua congregationis civilis. Si vero prop-

Menschen. Der Arzt müht sich um Heilung und Gesund-
erhaltung, der Landwirt kümmert sich um den Lebens-
bedarf, der Gelehrte um Heil und Wahrheit, der Lehrer
um Moral und Leben gemäß der Vernunft. Wäre nun der
Mensch auf kein äußeres Gut gerichtet, bedürfte es nichts
weiter. Aber ein solches Gut ist vorhanden, solange er als
Sterblicher lebt, nämlich das höchste Glück, das in der
Hoffnung auf die Gottesschau nach dem Tod liegt, wie der
Apostel sagt: »Solange wir Körper sind, sind wir auf der
Reise zum Herrn.« Darum bedarf der Christ, dem dieses
Glück durch das Blut Christi erworben wurde und für
dessen Erlangung der Heilige Geist bürgt, eines geistigen
Heils, um in den Hafen ewiger Rettung zu gelangen; dies
leisten die gläubigen Diener der Kirche Christi.

Das gleiche wie bezogen auf das Gesamtziel des Einzelnen
gilt für dasjenige der Gruppe. Läge das des Menschen in
ihm selber und würde es mit jenem der Gruppe übereinstimmen, so ließe die Gruppe sich von ihm aus lenken,
um es zu erhalten und zu bewahren. Wenn der Körper
und seine Gesundheit das Ziel des Einzelnen oder der
Gruppe wäre, hätte der Arzt das Sagen; bei Überfluss an
Reichtum wäre ein Landwirt der Leiter der Gruppe und
bei Kenntnis der Wahrheit (falls diese die Massen überhaupt erlangen können) ein Gelehrter. Jedwedes Ziel
einer vereinigten Gruppe scheint aber ein Leben gemäß
der Tugend zu sein. Denn Menschen vereinigen sich, um
gemeinsam gut zu leben, was jeder für sich nicht vermag.
Gutes Leben aber bedeutet, tugendhaft zu leben, sodass
dies das Ziel vereinigter Menschen ist.

Das zeigt sich darin, dass Teil der Gruppenversammlung
bloß jene sind, welche wechselseitig zum guten Leben
beitragen. Wenn es nur um Überleben ginge, wären auch
Tiere und Sklaven Teil der Bürgerversammlung. Wenn es

105

ter acquirendas divitias, omnes simul negotiantes ad unam civitatem pertinerent, sicut videmus eos solos sub una multitudine computari qui sub eisdem legibus et eodem regimine diriguntur ad bene vivendum. Sed quia homo vivendo secundum virtutem ad ulteriorem finem ordinatur, qui consistit in fruitione divina, ut supra jam diximus, oportet eumdem finem esse multitudinis humanæ qui est hominis unius. Non est ergo ultimus finis multitudinis congregatæ vivere secundum virtutem, sed per virtuosam vitam pervenire ad fruitionem divinam. Siquidem autem ad hunc finem perveniri posset virtute humanæ naturæ, necesse esset ut ad officium regis pertineret dirigere homines in hunc finem. Hunc enim dici regem supponimus, cui summa regiminis in rebus humanis committitur. Tanto autem est regimen sublimius quanto ad finem ulteriorem ordinatur. Semper enim invenitur ille, ad quem pertinet ultimus finis, imperare operantibus ea quæ ad finem ultimum ordinantur; sicut gubernator, ad quem pertinet navigationem disponere, imperat ei, qui navem constituit, qualem navem navigationi aptam facere debeat; civilis autem qui utitur armis, imperat fabro, qualia arma fabricet. Sed quia finem fruitionis divinæ non consequitur homo per virtutem humanam, sed virtute divina, juxta illud Apostoli, Rom., VI: »Gratia Dei, vita æterna«, perducere ad illum finem non humani erit, sed divini regiminis. Ad illum igitur regem hujusmodi regimen pertinet, qui non est solum homo sed etiam Deus, scilicet ad Dominum nostrum Jesum Christum, qui homines filios Dei faciens in cælestem gloriam introduxit. Hoc igitur est regimen ei traditum quod non corrumpetur, propter quod non solum sacerdos, sed rex in Scripturis sacris nominatur, dicente Jer., XXIII: »Regnabit rex, et sapiens erit«; unde ab eo regale sacerdotium derivatur. Et quod est amplius, omnes Christi fideles, in quantum sunt membra ejus, reges et sacerdotes dicuntur. Hujus ergo regni

nur um den Erwerb von Reichtum ginge, gehörten alle am
Handel Beteiligten zu einer Gruppe; hingegen sehen wir,
dass bloß die ihr angehören, die ein gemeinsames Gesetz
und eine Führung zum guten Leben lenkt. Aber wenn der
Mensch durch tugendhaftes Leben auf ein höheres Gut
zielt, der Frucht Gottes, muss wie gesagt das Ziel der
Gruppe mit dem jedes Einzelnen übereinstimmen. Nun
ist das Ziel der Gruppenversammlung nicht tugendhaftes
Leben an sich, sondern durch es zur Gottesfrucht zu gelangen. Könnte man zu diesem Ziel durch die Tugend der
menschlichen Natur gelangen, fiele den Chefs die Pflicht
zu, die Menschen zu ihm zu führen; denn es ist davon
auszugehen, dass man »Chef« den nennt, dem die oberste
Leitung menschlicher Dinge anvertraut ist. Die Befugnis
zur Leitung richtet sich nach der Höhe des Ziels. Stets
fällt dem die Befugnis zu, alle Anderen zu führen, der für
die Erfüllung des höchsten Zieles zuständig ist. Wer das
Schiff steuert, schreibt dem Schiffsbauer vor, wie er das
Schiff seetüchtig zu machen habe; der bewaffnete Bürger
schreibt dem Schmied vor, wie er die Waffe gestaltet. Aber
das Ziel, in den Genuss Gottes zu gelangen, ist nicht durch
menschliche, vielmehr bloß göttliche Tugend erreichbar,
so der Apostel: »Aus Gnade Gottes ewig leben.« Zu jenem
Ziel führt also kein Mensch, sondern Gott. Diese Führung
obliegt dem König, der nicht nur Mensch, vielmehr auch
Gott ist, unsrem Herrn Jesus Christus, der die Menschen
zu Kindern Gottes macht und zum himmlischen Glanz
lädt. Wegen dieser ihm übertragenen Führung, die »niemals endet«, nennt die Schrift ihn nicht bloß Heiland,
sondern auch König. So Jeremia: »Ein König voll Weisheit
wird erscheinen.« Hieraus leitet sich das Priestertum des
Königs ab; mehr noch: Alle gläubigen Christen sind als
seine Glieder Könige und Priester zu nennen. Das unter-

ministerium, ut a terrenis essent spiritualia distincta, non terrenis regibus sed sacerdotibus est commissum, et præcipue
summo sacerdoti, successori Petri, Christi Vicario, Romano
Pontifici, cui omnes reges populi Christiani oportet esse subditos, sicut ipsi Domino nostro Jesu Christo.

Sic enim ei, ad quem finis ultimi cura pertinet, subdi debent
illi, ad quos pertinet cura antecedentium finium, et ejus imperio dirigi. Quia igitur sacerdotium gentilium et totus divi-
norum cultus erat propter temporalia bona conquirenda,
quæ omnia ordinantur ad multitudinis bonum commune,
cujus regi cura incumbit, convenienter sacerdotes gentilium
regibus subdebantur. Sed et quia in veteri lege promitte-
bantur bona terrena non a dæmonibus, sed a Deo vero re-
ligioso populo exhibenda, inde et in lege veteri sacerdotes
regibus leguntur fuisse subjecti.

Sed in nova lege est sacerdotium altius, per quod homines
traducuntur ad bona cælestia: Unde in lege Christi reges
debent sacerdotibus esse subjecti. Propter quod mira-
biliter ex divina providentia factum est ut in Romana urbe,
quam Deus præviderat Christiani populi principalem
sedem futuram, hic mos paulatim inolesceret ut civitatum
rectores sacerdotibus subjacerent. Sicut enim Valerius
Maximus refert, »omnia post religionem ponenda semper
nostra civitas duxit, etiam in quibus summæ majestatis
decus conspici voluit. Quapropter non dubitaverunt sacris
imperia servire, ita se humanarum rerum habitura regimen
existimantia, si divinæ potentiæ bene atque constanter
fuissent famulata.«

Quia vero etiam futurum erat ut in Gallia Christiani sacer-
dotii plurimum vigeret religio, divinitus est permissum ut
etiam apud Gallos gentiles sacerdotes, quos Druidas nomi-
nabant, totius Galliæ jus definirent, ut refert Julius Cæsar in
libro quem de bello Gallico scripsit.

scheidet Irdisches von Geistigem, und ist nicht die Sache
irdischer, vielmehr priesterlicher Führung, vor allem des
höchsten Priesters, Nachfolger Petri, Statthalter Christi,
Papst zu Rom; alle Chefs des christlichen Volks sind ihm
untergeben wie unserem Herrn Jesus Christus selber.

Dem, der sich um das Letztziel sorgt, müssen alle untergeben sein, die für die Zwischenziele zuständig sind, geleitet durch sein Gebot. Bei den Heiden waren Priestertum und Gotteskult aufs irdische Gemeingut der Masse
aus, das in die Sorge des Chefs fällt, sodass die Priester bei
den Heiden den Chefs untergeben waren. Selbst im Alten
Testament ging es um Irdisches, wenn auch nicht um das,
was Dämonen, sondern was Gott dem Volk der wahren
Religion spendet; folglich liest man dort, dass die Priester
dem König untergeben waren.

Im Neuen Testament dagegen steht die Priesterschaft, die
die Menschen zum himmlischen Gut leitet, höher: Im Gesetz Christi sind die Chefs den Priestern untergeben. Auf   ◁ A 46
wunderbare Weise setzte sich in Rom, das Gott dafür bestimmt hatte, in Zukunft Hauptstadt der Christenheit zu
sein, allmählich der Brauch durch, die Führungskräfte der
Bürger den Priestern zu unterwerfen. Valerius Maximus
berichtet: »In unserer Bürgerschaft war immer alles der   ◁ Q 25
Religion nachgeordnet, sogar wo es um die majestätische
höchste Würde ging. Die Amtsträger zögerten nicht, den
Heiligen zu dienen, denn sie wussten, dass die Macht über
den weltlichen Bereich ihnen bloß zustand, insofern sie
die göttliche Macht anerkannten.«

Weil später in Gallien die Verehrung christlicher Priester
größte Bedeutung erhielt, war es unter den heidnischen
Galliern bereits so, dass die als »Druiden« bezeichneten
Priester das Gesetz bestimmten, wie Julius Cäsar im Buch   ◁ Q 26
über den gallischen Krieg schreibt.

CAPUT XV

Quod sicut ad ultimum finem consequendum requiritur ut rex subditos suos ad vivendum secundum virtutem disponat, ita ad fines medios. Et ponuntur hic quæ sunt illa quæ ordinant ad bene vivendum et quæ impediunt, et quod remedium rex apponere debet circa dicta impedimenta.

Sicut autem ad vitam, quam in cælo speramus beatam, ordinatur sicut ad finem vita qua hic homines bene vivunt; ita ad bonum multitudinis ordinantur sicut ad finem quæcumque particularia bona per hominem procurantur, sive divitiæ, sive lucra, sive sanitas, sive facundia vel eruditio. Si igitur, ut dictum est, qui de ultimo fine curam habet præesse debet his qui curam habent de ordinatis ad finem et eos dirigere suo imperio, manifestum ex dictis fit quod rex, sicut dominio et regimini quod administratur per sacerdotis officium subdi debet, ita præesse debet omnibus humanis officiis et ea imperio sui regiminis ordinare.

Cuicumque autem incumbit aliquid perficere quod ordinatur in aliud sicut in finem, hoc debet attendere ut suum opus sit congruum fini. Sicut faber sic facit gladium ut pugnæ conveniat, et ædificator sic debet domum disponere ut ad habitandum sit apta.

Quia igitur vitæ, qua in præsenti bene vivimus, finis est beatitudo cælestis, ad regis officium pertinet ea ratione vitam multitudinis bonam procurare secundum quod congruit ad cælestem beatitudinem consequendam, ut scilicet ea præcipiat quæ ad cælestem beatitudinem ducunt, et eorum contraria, secundum quod fuerit possibile, interdicat.

15. KAPITEL

Wie, um das Letztziel zu erlangen, das Oberhaupt die Untergebenen zu tugendhaftem Leben anleitet, so muss es auch bei mittelbaren Zielen geschehen. Es wird bestimmt, was zu gutem Leben hin- oder wegführt, schließlich welche Mittel das Oberhaupt einsetzen soll, um Hindernisse auszuräumen.

Das irdische gute Leben der Menschen ist auf das Ziel des erhofften himmlischen Glücks hingeordnet; in gleicher Weise richten alle partikularen Güter sich auf das Gut der Gruppe, seien dies Reichtum, Gewinn, Gesundheit, Sprachfertigkeit oder Bildung. Wie gesagt, muss der, der sich um das Letztziel sorgt, denen übergeordnet sein und die leiten, die die Voraussetzungen für dessen Erreichen schaffen; daraus folgt, dass das Oberhaupt sich der Macht und Leitung durch die Priester in deren Aufgabenbereich ◌A47 unterwerfen muss und auf der anderen Seite die übrigen Ämter in ihren jeweiligen Bereichen zu dirigieren hat.

Wer immer etwas auf ein Ziel Gerichtetes unterstützt, das Ziel zu erreichen, muss freilich darauf achten, dass das, was er tut, dem Ziel entspricht. Der Schmied macht ein Schwert, das für die Schlacht taugt, der Baumeister muss das Haus für die Bewohner passend gestalten.

Insofern das himmlische Glück das Ziel eines derzeitigen Lebens ist, ist es die Pflicht des Oberhaupts, dass es das gute Leben der Gruppe in Übereinstimmung bringt mit dem, was ins himmlische Glück mündet: das förderliche anordnet, das Widersprechende unterbindet, soweit das möglich ist. Den »richtigen Weg zum Glück« kann es aus

Quæ autem sit ad veram beatitudinem via, et quæ sint impedimenta ejus, ex lege divina cognoscitur, cujus doctrina
Mal. 2:7 pertinet ad sacerdotum officium, secundum illud Mal., II:
»Labia sacerdotis custodient scientiam, et legem requirent
5 Mose 17:18f de ore ejus.« Et ideo in Deut., XVII, Dominus præcipit:
»Postquam sederit rex in solio regni sui, describet sibi
Deuteronomium legis hujus in volumine, accipiens exempla
a sacerdote leviticæ tribus, et habebit secum, legetque illud
omnibus diebus vitæ suæ, ut discat timere Dominum Deum
suum et custodire verba et cæremonias ejus, quæ in lege
præcepta sunt.« Per legem igitur divinam edoctus, ad hoc
præcipuum studium debet intendere, qualiter multitudo
sibi subdita bene vivat: Quod quidem studium in tria
dividitur, ut primo quidem in subjecta multitudine bonam
vitam instituat; secundo, ut institutam conservet; tertio, ut
conservatam ad meliora promoveat.

Ad bonam autem unius hominis vitam duo requiruntur:
Unum principale, quod est operatio secundum virtutem
(virtus enim est qua bene vivitur); aliud vero secundarium
et quasi instrumentale, scilicet corporalium bonorum sufficientia, quorum usus est necessarius ad actum virtutis. Ipsa
tamen hominis unitas per naturam causatur; multitudinis
autem unitas, quæ pax dicitur, per regentis industriam est
procuranda.

Sic igitur ad bonam vitam multitudinis instituendam tria requiruntur.

Primo quidem, ut multitudo in unitate pacis constituatur.

Secundo, ut multitudo vinculo pacis unita dirigatur ad bene
agendum. Sicut enim homo nihil bene agere potest nisi
præsupposita suarum partium unitate, ita hominum multitudo pacis unitate carens, dum impugnat seipsam, impeditur a bene agendo.

Tertio vero requiritur ut per regentis industriam necessa-

dem göttlichen Gesetz entnehmen, welches zu lehren laut
Maleachi die Pflicht der Priester ist: »Die Lippen des
Priester hüten die Weisheit, und das Gesetz erfragen sie
aus seinem Mund.« Und in gleicher Weise gebietet der
Herr durch Mose: »Sobald er den Thron besteigt, soll der
König das Gesetz des Deuteronomiums, welches er von
einem Priester aus dem Stamm der Leviten erhält, in eine
Rolle abschreiben lassen, sie bei sich tragen und jeden Tag
seines Lebens in ihr lesen, auf dass er den Herrn, seinen
Gott, fürchtet, seine Worte und seinen Kult bewahrt, wie
es im Gesetz vorgeschrieben ist.« Derart muss er, unter-
richtet vom göttlichen Gesetz, inbrünstig auf die Qualität
des guten Lebens der Gruppe hinarbeiten: Die Arbeit ent-
1 hält dreierlei, erstens das gute Leben der untergeordneten
2 Gruppe einzurichten, zweitens jenes zu bewahren, sowie
3 drittens das Bewahrte stets zu fördern.
zu 1 Damit ein Einzelner gut lebt, ist zweierlei erforderlich,
a nämlich hauptsächlich ein tugendsames Handeln (denn
b Tugend ist, gut zu leben); und sodann das nebensächliche
Hilfsmittel, dass die für tugendsames Handeln nötige
Menge an körperlichen Gütern genügend vorhanden ist.
Im Einzelnen hält die Natur diese beiden Seiten in der
Waage; bezogen auf die Gruppe muss das, was »Friede«
heißt, durch die Mühe des Oberhaupts besorgt werden.
Dreierlei ist demnach erforderlich, um ein gutes Leben
der Gruppe einzurichten.
1.1 Erstens ist Einheit und Frieden für die Gruppe zu sichern.
1.2 Zweitens ist die durch das Band des Friedens vereinte
Gruppe zum Guten zu führen. Niemand kann etwas gut
machen ohne eine Einheit aller seiner Teile; genauso
behindert das Fehlen von Frieden in einer im Streit miteinander liegenden Gruppe deren gutes Handeln.
1.3 Drittens ist erforderlich, dass das Oberhaupt mit seiner

riorum ad bene vivendum adsit sufficiens copia. Sic igitur bona vita per regis officium in multitudine constituta, consequens est ut ad ejus conservationem intendat. Sunt autem tria, quibus bonum publicum permanere non sinitur, quorum quidem unum est a natura proveniens. Non enim bonum multitudinis ad unum tantum tempus institui debet, sed ut sit quodammodo perpetuum. Homines autem cum sint mortales, in perpetuum durare non possunt. Nec, dum vivunt, semper sunt in eodem vigore, quia multis variationibus humana vita subjicitur, et sic non sunt homines ad eadem officia peragenda æqualiter per totam vitam idonei.

Aliud autem impedimentum boni publici conservandi ab interiori proveniens in perversitate voluntatum consistit, dum vel sunt desides ad ea peragenda quæ requirit respublica, vel insuper sunt paci multitudinis noxii, dum transgrediendo justitiam aliorum pacem perturbant.

Tertium autem impedimentum reipublicæ conservandæ ab exteriori causatur, dum per incursum hostium pax dissolvitur et interdum regnum aut civitas funditus dissipatur. Igitur circa tria prædicta triplex cura imminet regi.

Primo quidem de successione hominum et substitutione illorum qui diversis officiis præsunt, ut sicut per divinum regimen in rebus corruptibilibus, quia semper eadem durare non possunt, provisum est ut per generationem alia in locum aliorum succedant, ut vel sic conservetur integritas universi, ita per regis studium conservetur subjectæ multitudinis bonum, dum sollicite curat qualiter alii in deficientium locum succedant.

Secundo autem ut suis legibus et præceptis, pœnis et præmiis homines sibi subjectos ab iniquitate coerceat et ad opera virtuosa inducat, exemplum a Deo accipiens qui hominibus legem dedit, observantibus quidem mercedem, transgredientibus pœnas retribuens.

Mühe ausreichend von dem für ein gutes Leben Nötigen liefert. Hat die Pflicht des Oberhaupts das gute Leben der Gruppe grundgelegt, folgt die Bewahrung. Es gibt nun drei Bedrohungen für den Erhalt des öffentlichen Gutes. Die erste ist natürlicher Herkunft. Das Gut der Gruppe darf sich nicht auf den Augenblick, sondern muss für längere Dauer eingerichtet sein. Menschen aber sind sterblich und das läuft der Dauer zuwider; nichtmal im Laufe ihres Lebens verfügen sie über die gleiche Kraft, sie unterliegen Veränderungen, sodass sie nicht immer gleicherweise geeignet sind, dieselben Pflichten zu erfüllen.

Noch ein Hindernis, das öffentliche Gut zu bewahren, entspringt dem Innenleben. Der Wille der Menschen mag sich verkehren; träge tun sie nicht mehr, was die Republik verlangt, oder schaden gar dem Frieden der Gruppe und stören ihn durch Verstöße gegen die Gerechtigkeit.

Das dritte Hindernis, die Republik zu bewahren, hat eine äußere Ursache: Störung des Friedens durch den Einfall von Feinden. Länder oder Städte können verschwinden. Diese drei Dinge bereiten dem Oberhaupt Sorgen.

Erstens geht es um den Nachwuchs und den Ersatz derer, die verschiedene Pflichten erfüllen. Göttliche Lenkung in Sachen vergänglicher Dinge, die keine Dauer haben, sorgt durch Neuzeugung dafür, dass Anderes an ihre Stelle tritt und das Universum als Ganzes erhalten bleibt. In gleicher Weise sollte das Oberhaupt bemüht sein, das Gut der ihm angeschlossenen Gruppe zu erhalten, indem es dafür sorgt, dass Andere an die verwaisten Stellen treten.

Zweitens muss es darauf achten, durch Gesetze und Vorschriften, mit Lohn und Strafe seine Untergebenen von Ungereimtheiten abzuhalten und zur Tugend anzuregen. Das Vorbild dafür ist Gott, der dem Menschen das Gesetz gab, Gehorsam belohnt und Übertretung bestraft.

Tertio imminet regi cura ut multitudo sibi subjecta contra hostes tuta reddatur. Nihil enim prodesset interiora vitare pericula, si ab exterioribus defendi non posset.

Sic igitur bonæ multitudinis institutioni tertium restat ad regis officium pertinens, ut sit de promotione sollicitus, quod fit dum in singulis quæ præmissa sunt, si quid inordinatum est corrigere, si quid deest supplere, si quid melius fieri potest, studet perficere. Unde et Apostolus, I. Corinth., XII, fideles monet ut semper æmulentur charismata meliora. ^{1 Kor. 12:31}

Hæc igitur sunt quæ ad regis officium pertinent, de quibus per singula diligentius tractare oportet.

zu 2.3 Drittens trägt das Oberhaupt Sorge, die ihm anvertraute Gruppe gegen Feinde zu schützen. Andernfalls macht es keinen Sinn, die Gefahren von innen zu bannen.

Nach Errichtung und Erhalt des Gutes der Gruppe gehört
zu 3 zur Pflicht des Oberhaupts drittens die Förderung. Dies ◁ A51
geschieht, indem es bei allen bisher untersuchten Dingen Ungeordnetes richtigstellt, Fehlendes ergänzt, das Verbesserungsfähige verbessert. Wie der Apostel Gläubige ◁ B68
mahnt, stets höchste Gnadengaben anzustreben.

Das also sind die Pflichten des Chefs, welche in den Einzel- ◁ A52
heiten noch sorgfältig zu untersuchen sind.

WIDERSTAND

Ein Test für meine Lesart des Thomas-Textes *Vom Prinzip der Führung* ist der Kommentar zu der so berühmten wie berüchtigten Stelle im *Römerbrief*, 13:1ff, an der Paulus die Gläubigen dazu anhält, sich einer jeden Obrigkeit willig zu unterwerfen (Kaiser in Rom war **Nero!**). Es stellt sich heraus, dass Thomas diese Stelle scheinbar voller Zustimmung kommentiert, doch zwischen den Zeilen dekonstruiert er sie und gelangt zu einer Position, die der des Apostels diametral entgegengesetzt ist.

Wegen der großen Menge an Bibel-Referenzen und des Status der folgenden Übertragung als Anhang führe ich hier nicht mehr die neueren Fassungen auf, es sei denn, es ergibt sich heute ein ganz anderer Sinn. In einem solchen Fall ist die aktuelle Fassung ab B 69 nachzulesen.

Auf den linken Randspalten der rechten Seiten (Übertragung) ist die verschachtelte Struktur des Kommentars durch Gliederungspunkte mit sechs Ebenen angezeigt; die jeweils behandelte Ebene der Gliederung ist durch **Fett**druck hervorgehoben.

Der wichtigste Ertrag der Lektüre ist, dass Thomas hier das *Rousseau* zugeschriebene Argument entfaltet, ein ungerechter Herrscher breche den Vertrag mit dem Volk, nicht das aufständische Volk (◧ S. 145, A 67; vgl. dazu auch ◧ S. 47, A 30; S. 81). Und überhaupt, dass es sich um einen *Vertrag* handele, nicht darum, der Herrscher habe ein Vorrecht auf den Gehorsam der Untertanen.

Römer 13
Vulgata

¹Omnis anima potestatibus sublimioribus subdita, sit non est enim potestas nisi a Deo, quæ autem sunt, a Deo ordinatæ sunt. ²Itaque qui resistit potestati Dei ordinationi resistit; qui autem resistunt, ipsi sibi damnationem adquirunt. ³Nam principes non sunt timori boni operis, sed mali; vis autem non timere potestatem bonum fac, et habebis laudem ex illa; ⁴Dei enim minister est tibi in bonum; si autem male feceris time; non enim sine causa gladium portat, Dei enim minister est vindex in iram ei qui malum agit. ⁵Ideo necessitate subditi estote, non solum propter iram, sed et propter conscientiam. ⁶Ideo enim et tributa præstatis; ministri enim Dei sunt in hoc ipsum servientes. ⁷Reddite omnibus debita cui tributum tributum cui vectigal vectigal cui timorem timorem cui honorem honorem.

Römer 13
Original

¹Πᾶσα ψυχὴ ἐξουσίαις ὑπερεχούσαις ὑποτασσέσθω. οὐ γὰρ ἔστιν ἐξουσία εἰ μὴ ὑπὸ θεοῦ, αἱ δὲ οὖσαι ὑπὸ θεοῦ τεταγμέναι εἰσίν. ²ὥστε ὁ ἀντιτασσόμενος τῇ ἐξουσίᾳ τῇ τοῦ θεοῦ διαταγῇ ἀνθέστηκεν, οἱ δὲ ἀνθεστηκότες ἑαυτοῖς κρίμα λήμψονται. ³οἱ γὰρ ἄρχοντες οὐκ εἰσὶν φόβος τῷ ἀγαθῷ ἔργῳ ἀλλὰ τῷ κακῷ. θέλεις δὲ μὴ φοβεῖσθαι τὴν ἐξουσίαν· τὸ ἀγαθὸν ποίει, καὶ ἕξεις ἔπαινον ἐξ αὐτῆς ⁴θεοῦ γὰρ διάκονός ἐστιν σοὶ εἰς τὸ ἀγαθόν. ἐὰν δὲ τὸ κακὸν ποιῇς, φοβοῦ· οὐ γὰρ εἰκῇ τὴν μάχαιραν φορεῖ· θεοῦ γὰρ διάκονός ἐστιν ἔκδικος εἰς ὀργὴν τῷ τὸ κακὸν πράσσοντι. ⁵διὸ ἀνάγκη ὑποτάσσεσθαι, οὐ μόνον διὰ τὴν ὀργὴν ἀλλὰ καὶ διὰ τὴν συνείδησιν. ⁶διὰ τοῦτο γὰρ καὶ φόρους τελεῖτε· λειτουργοὶ γὰρ θεοῦ εἰσιν εἰς αὐτὸ τοῦτο προσκαρτεροῦντες. ⁷ἀπόδοτε πᾶσιν τὰς ὀφειλάς, τῷ τὸν φόρον τὸν φόρον, τῷ τὸ τέλος τὸ τέλος, τῷ τὸν φόβον τὸν φόβον, τῷ τὴν τιμὴν τὴν τιμήν.

¹Jeder sei der übergeordneten Macht unterworfen; denn alle Macht ist von Gott; Gott hat sie angeordnet. ²Wer ihr sich widersetzt, widersetzt sich Gottes Anordnung. Die dies tun, verdienen sich Verdammung. ³Denn die Führer sind nicht zum Fürchten für gute, sondern böse Werke. Willst du die Macht nicht fürchten, tue Gutes, so wirst du von ihr gelobt; ⁴denn sie hilft Gott, dir zum Guten. Tust du Böses, fürchte dich; nicht grundlos trägt sie als Gottes Helferin das Schwert, eine zornige Anklägerin des Böse-wichts. ⁵Unterwerft euch also nicht nur wegen der Strafe, vielmehr auch des Gewissens. ⁶Darum leistet ihr Tribut; denn sie ist Gottes Helferin, um ihm zu dienen. ⁷Zollt je-dem, was ihr schuldig seid: Tribut, wem Tribut, Zoll, wem Zoll, Furcht, wem Furcht, Ehre, wem Ehre gebührt.

¹Jedermann sei untertan der Obrigkeit, die Gewalt über ihn hat. Denn es ist keine Obrigkeit außer von Gott; wo aber Obrigkeit ist, ist sie von Gott angeordnet. ²Darum: Wer sich der Obrigkeit widersetzt, der widerstrebt Gottes Anordnung; die ihr aber widerstreben, werden ihr Urteil empfangen. ³Denn die Gewalt haben, muss man nicht fürchten wegen guter, sondern wegen böser Werke. Willst du dich aber nicht fürchten vor der Obrigkeit, so tue Gutes, dann wirst du Lob von ihr erhalten. ⁴Denn sie ist Gottes Dienerin, dir zugut. Tust du aber Böses, so fürchte dich; denn sie trägt das Schwert nicht umsonst. Sie ist Gottes Dienerin und vollzieht die Strafe an dem, der Böses tut. ⁵Darum ist es notwendig, sich unterzuordnen, nicht allein um der Strafe, sondern auch um des Gewissens willen. ⁶Deshalb zahlt ihr ja auch Steuer; denn sie sind Gottes Diener, auf diesen Dienst beständig bedacht. ⁷So gebt nun jedem, was ihr schuldig seid: Steuer, dem die Steuer ge-bührt; Zoll, dem der Zoll gebührt; Furcht, dem die Furcht gebührt; Ehre, dem die Ehre gebührt.

nicht grundlos trägt sie das Schwert

dir zum Guten

Postquam Apostolus ostendit qualiter se debeat homo exhibere Deo, utendo donis gratiæ ejus. Hic ostendit quomodo debeat se exhibere proximo: Et primo quantum ad superiores. Secundo quantum ad omnes, »ibi nemini quicquam debeatis«, et cetera.

Circa primum duo facit:

Primo inducit homines ad subjectionem quam debent superioribus.

Secundo ad exhibendum subjectionis signum, ibi »ideo et tributa præstatis«, et cetera.

Circa primum tria facit:

Primo proponit documentum.

Secundo rationem assignat, ibi »non enim est potestas«, et cetera.

Tertio infert conclusionem intentam, ibi »itaque qui resistit potestati Dei ordinationi resistit«.

Circa primum considerandum est quod quidam fideles in primitiva ecclesia dicebant terrenis potestatibus se subjici non debere propter libertatem, quam consecuti erant a Christo, secundum illud Jo., VIII: »Si filius vos liberaverit, vere liberi eritis.« Sed libertas per Christum concessa, est libertas spiritus qua liberamur a peccato et morte, sicut supra VIII dictum est: »Lex spiritus in Christo Jesu liberavit me a lege peccati et mortis.« Caro autem adhuc remanet servituti obnoxia, sicut supra dictum est. Et ideo tunc nulli subjectioni homo, per Christum liberatus, erit obnoxius, nec spirituali scilicet, nec carnali. Unde dicitur primæ Cor., XV: »Cum tradiderit Christus regnum Deo patri, et evacuaverit omnem principatum et potestatem.« Interim autem dum corruptibilem carnem gerimus, oportet nos dominis carnalibus subjacere. Unde dicitur Eph., VI: »Servi, obedite dominis carnalibus.« Et hoc est etiam quod hic Apostolus dicit: »Omnis anima potestatibus sublimioribus subdita sit«. Po-

Nachdem er aufzeigte, wie man sich Gott gegenüber verhalten solle, indem man seine Gnade annimmt, zeigt der Apostel nun auf, wie man sich dem Nächsten gegenüber zu verhalten habe. Erstens bezogen auf die Vorgesetzten, zweitens auf die Übrigen. ◄ A 53

Bezogen auf ersteres macht er zweierlei:

1 Erstens drängt er die Menschen, sich ihren Vorgesetzten zu unterwerfen.

2 Zweitens, der Unterwerfung Ausdruck zu verleihen (»darum leistet ihr Tribut« usw.). ◄ S. 141

Bezogen auf ersteres macht er dreierlei:

1.1 Erstens stellt er seinen Lehrsatz auf.

1.2 Zweitens begründet er ihn (»denn alle Macht ist von Gott« ◄ S. 127 usw.).

1.3 Drittens zieht er den Schluss (»wer sich widersetzt, wider- ◄ S. 131 setzt sich Gottes Anordnung«). ◄ A 63

1.1 Bezogen auf ersteres ist zu bedenken, dass in der frühen Kirche einige Gläubige sagten, sie müssten sich nicht der weltlichen Macht unterwerfen wegen der Freiheit, die sie nach *Johannes* von Christus erhielten: »Wenn der Sohn euch frei macht, seid ihr wahrlich frei.« Aber die von ihm gewährte Freiheit ist geistig, befreit von Sünde und Tod, wie es weiter oben heißt: »Das geistige Gesetz in Christus Röm. 8:2 hat mich von dem der Sünde und des Todes frei gemacht.« Das Fleisch verbleibt in Knechtschaft, wie es oben heißt. Röm. 7:14 Später wird kein Mensch, durch Christus befreit, unterworfen sein, weder geistig noch fleischlich, wie es im ersten *Korinther* heißt: »Ins Reich von Christus und Gott Vater gelangt, werden Alle Führer und Macht entzogen sein.« So lange verderbtes Fleisch uns kleidet, haben wir uns fleischlichen Herrn zu unterwerfen, wie er im *Epheser* sagt: »Knechte, gehorcht den fleischlichen Herrn.« Genau das ist es, was er hier sagt: »Jeder sei der übergeordneten

125

testates autem sublimiores hic dicuntur homines in potestatibus constituti, quibus secundum justitiæ ordinem subjici
debemus. Primæ Pe., II: »Subditi estote omni humanæ creaturæ propter Deum, sive regi quasi præcellenti, sive ducibus, tamquam ab eo missis«, et cetera. Dicit autem indefini-
te potestatibus sublimioribus, ut ratione sublimitatis officii
eis subjiciamur, etiam si sint mali. Unde pᵃ Pe., II, subditur:
»Subjecti estote non tantum bonis et modestis, sed etiam
dyscolis.«

Quod autem dicitur »omnis anima«, per synecdochen in-
telligitur omnis homo, sicut et Gen., XVII: »Delebitur anima
illa de populo suo.« Utitur autem hoc modo loquendi, quia
subjectionem superioribus debemus ex animo, id est ex
pura voluntate, secundum illud Eph., VI: »Non ad oculum
servientes, quasi hominibus placentes, sed ex animo cum
bona voluntate.«

Deinde cum dicit »non est enim potestas«, et cetera, ponit
rationem admonitionis præmissæ.

Primo quidem ex parte honesti.

Secundo ex parte necessarii, ibi »qui autem resistunt«, et
cetera.

Circa primum duo facit.

Primo præmittit duo principia.

Secundo ex eis concludit, ibi »itaque qui resistit«, et cetera.

Primo enim præmittit originem potestatis, dicens »non est
enim potestas nisi a Deo«. Quicquid enim communiter de
Deo et creaturis dicitur, a Deo in creaturas derivatur, sicut
patet de sapientia, Ecc., pmo: »Omnis sapientia a domino
Deo est.« Potestas autem de Deo et de hominibus dicitur.
Job, XXXVI: »Deus potestates non abjicit, cum ipse sit po-
tens.« Unde consequens est, quod omnis humana potestas
sit a Deo. Dan., IV: »Dominabitur excelsus in regno hominum, et cuicumque voluerit, dabit illud.« Jo., XIX: »Non ha-

Macht unterworfen.« So nennt er mit Macht versehene Menschen, denen wir uns der gerechten Ordnung halber unterwerfen müssen. (Bei *Petrus* lautet es so: »Unterwerft euch jeder menschlichen Einrichtung um Gottes willen, den Führern wie denen, die von ihnen beauftragt sind.«) Er spricht allgemein von »übergeordneter Macht«, damit wir uns ihr aufgrund der Würde des Amtes unterwerfen; nach *Petrus* gar, falls sie böse ist: »Unterwerft euch nicht nur Guten und Mäßigen, sondern auch Miesen.«
Der Ausdruck *omnis anima* steht hier für den Oberbegriff »alle Menschen«, wie es bei *Mose* heißt: »Jene Seele soll aus seinem Volke ausgerottet werden.« Er benutzt diese Synekdoche, weil wir uns laut *Epheser* den Vorgesetzten mit der Seele, also per Willen unterwerfen sollen: »Nicht nach Augenschein, der den Menschen schmeichelt, vielmehr durch die Seele mit gutem Willen ist zu dienen.«

1.2 Wenn er dann sagt, »alle Macht ist von Gott«, gibt er den Grund für die genannte Mahnung an.

1.2.1 Der erste Grund ist Anstand.

1.2.2 Der zweite Notwendigkeit, wo er sagt »wer ihr sich widersetzt, widersetzt sich Gottes Anordnung«.   ◄ S. 131
Bezogen auf ersteres macht er zweierlei:

1.2.1.1 Erstens formuliert er zwei Prinzipien.

1.2.1.2 Zweitens folgert er aus ihnen, »die sich widersetzen« etc.   ◄ S. 131

1.2.1.1.1 Als erstes schickt er über den Ursprung der Macht voraus, sie sei von Gott. Alles, was bei Gott und den Geschöpfen sich gleicht, leitet sich von Gott ab, wie bei der Weisheit: »Alle Weisheit ist von Gott dem Herrn.« Macht haben Gott und die Menschen. Laut *Hiob* verwirft Gott Macht nicht, da er selber mächtig ist. Aus *Daniel* folgt, dass alle Macht der Menschen von Gott ist: »Der Höchste herrscht über die Reiche der Menschen, und wem er will, dem übergibt er sie.« Bei *Johannes* heißt es: »Du hättest keine Macht über

beres potestatem adversum me ullam, nisi tibi datum esset desuper.« Sed contra hoc esse videtur, quod dicitur Hos. 8:4 Osee, VIII: »Ipsi regnaverunt, et non ex me: Principes extiterunt, et non cognovi.«

Ad hoc dicendum est, quod regia potestas, vel cujuscumque alterius dignitatis potest considerari quantum ad tria: Uno quidem modo quantum ad ipsam potestatem, et sic Spr. 8:15 est a Deo, »per quem reges regnant«, ut dicitur Prov., VIII. Alio modo potest considerari quantum ad modum adipiscendi potestatem, et sic quandoque potestas est a Deo: Quando scilicet aliquis ordinate potestatem adipiscitur, Hebr. 5:4 secundum illud He., V: »Nemo sibi honorem assumit, sed qui vocatur a Deo tamquam Aaron.« Quandoque vero non est a Deo, sed ex perverso hominis appetitu, qui per ambitionem, vel quocumque alio illicito modo potestatem Amos 6:13 adipiscitur. Amos, VI: »Numquid non in fortitudine nostra assumpsimus nobis cornua?«

Tertio modo potest considerari quantum ad usum ipsius: Et sic quandoque est a Deo, puta cum aliquis secundum præcepta divinæ justitiæ utitur concessa sibi potestate, secun- Spr. 8:15 dum illud Prov., VIII: »Per me reges regnant«, et cetera. Quandoque autem non est a Deo, puta cum aliqui potestate sibi data utuntur contra divinam justitiam, secundum Ps. 2:2 illud Ps.: »Astiterunt reges terræ, et principes convenerunt in unum adversus dominum«, et cetera.

Dubitatur etiam de potestate peccandi, utrum sit a Deo. Ad quod dicendum est quod ipsa potentia qua peccatur, a Deo est. Eadem enim potentia est qua peccatur et qua recte agitur: Sed quod in bonum ordinetur, a Deo est; quod autem ordinetur ad peccandum, est ex defectu creaturæ, inquantum est ex nihilo.

Secundo ponit, »quod ea quæ sunt, a Deo ordinata sunt«, cujus ratio est quia Deus omnia per suam sapientiam fecit,

mich, wenn sie dir nicht von Oben gegeben worden

Exkurs 1 wäre.« – Dagegen scheint zu stehen, was bei *Hosea* gesagt wird: »Sie haben geherrscht, aber nicht durch mich: Sie haben sich Führer gewählt ohne mein Wissen.«

Hierzu ist zu sagen, dass von Führungsmacht sich wie von jeder anderen Würde auf dreierlei Art sprechen lässt:

Ex. 1.1 Erstens nach Art der Macht als solcher, die von Gott ist, »durch den«, laut *Sprüchen*, »Herrscher herrschen«.

Ex. 1.2 Zweitens nach Art des Wegs, auf dem die Macht erlangt wird; in dieser Hinsicht ist die Macht manchmal von Gott: Will sagen, wenn die Macht laut *Hebräer* ordnungsgemäß erlangt wurde: »Man greift nicht selber nach der Würde, sondern wird von Gott berufen wie Aaron.« Doch manchmal entspringt sie nicht Gott, sondern dem verkehrten Verlangen eines Menschen, der sich Macht aus Ehrgeiz oder einem anderen unerlaubten Grund anmaßt. »Haben   ◄ B 69 unsere Kräfte uns nicht Flügel verliehen?«

Ex. 1.3 Drittens lässt sich von Macht bezüglich ihres Gebrauchs sprechen: Wiederum ist sie manchmal von Gott – etwa bedient einer sich der ihm verliehenen Macht im Sinne göttlicher Gerechtigkeit, siehe »durch mich herrschen die Herrscher« in den *Sprüchen* –, manchmal aber nicht, etwa bedient ihr sich einer, um gegen das göttliche Recht zu verstoßen. »Monarchen der Erde und Führer vereinigen sich gegen den Herrn«, wie es in den *Psalmen* heißt.

Exkurs 2 Es fragt sich, ob die Macht, sündigen zu können, von Gott stammt. Dazu ist zu sagen, dass es der Fall ist. Denn dieselbe Macht ermöglicht, zu sündigen und Gutes zu tun. Aber dass sie aufs Gute zielt, stammt von Gott; wenn sie aufs Sündige zielt, handelt es sich um einen Mangel im Geschöpf; insofern gründet sie im Nichts.   ◄ A 54

1.2.1.1.2 Als zweites legt er dar, alle Macht habe Gott angeordnet; der Grund hierfür ist, dass Gott alle Dinge kraft seiner

 secundum illud Ps., [CIV]: »Omnia in sapientia fecisti«. Est autem proprium Sapientiæ ordinate omnia disponere.
 Sap., VIII: »Attingit a fine usque ad finem fortiter, et disponit omnia suaviter.« Et ideo oportet effectus divinos
 ordinatos esse. Job, XXXVIII: »Numquid nosti ordinem cæli, et pones rationem ejus in terra?« Duplicem autem ordinem Deus in suis effectibus instituit: Unum quidem quo omnia
 ordinantur in ipsum, Prov., XVI: »Universa propter semetipsum operatus est Deus.« Alium vero quo effectus divini
 ordinantur ad invicem, sicut dicitur Deut., IV, de sole et luna et stellis, quod fecit ea in ministerium cunctis gentibus.

Deinde cum dicit »itaque qui resistit«, etc., ex duabus præmissis concludit propositum. Si enim potestas principum, inquantum talis est, a Deo est, et nihil est a Deo sine ordine, consequens est, quod etiam ordo, quo inferiores potestatibus superioribus subjiciuntur, sit a Deo. Itaque qui contra hunc ordinem resistit potestati, Dei ordinationi resistit.
 Prim. R., VIII: »Non te abjecerunt, sed me, ne regnem super
 eos«. Luc., X: »Qui vos spernit, me spernit.« Resistere autem divinæ ordinationi contrariatur honestati virtutis. Unde contra virtutem agit quicumque potestati resistit, in eo quod pertinet ad ordinem suæ potestatis.

Deinde cum dicit »qui autem resistunt«, etc., ostendit hujusmodi subjectionem non solum esse honestam, sed necessariam. Et primo proponit quod intendit. Secundo probat propositum, ibi »nam principes«, etc. Dicit ergo primo: Dictum est, quod qui resistit potestati, Dei ordinationi resistit, quod quidem secundum se est vitandum, tamquam contrarium virtuti. Multi tamen sunt, qui amorem virtutis non habentes, ea quæ sunt contraria virtuti non detestantur. Unde tales cogendi sunt ad vitationem malorum per pœnas, et quantum ad hoc subdit »qui autem resistunt«, scilicet divinæ ordinationi, »sibi damnationem

130

Weisheit gemacht hat, wie es in den *Psalmen* heißt. Es ist nun Eigenart der Weisheit, alles geordnet aufzustellen: »Ihre Kraft reicht von Anfang bis Ende und alles stellt sie gefällig auf.« Drum besteht göttliches Wirken im Ordnen. Der Herr fragt Hiob: »Kennst du etwa die Ordnung des Himmels und legst deren Grund auf der Erde fest?« Die von Gott bewirke Ordnung besteht erstens darin, alles laut *Sprüchen* auf ihn hinzuordnen – »das All hat Gott um seinetwillen gemacht« –, zweitens beziehen die göttlichen Wirkungen sich so aufeinander, wie laut *Deuteronomium* Sonne, Mond und Sterne jedem Volk dienen.

Wo er dann sagt, »wer ihr sich widersetzt« usw., schließt er aus den Grundsätzen. Da die Führungskraft als solche von Gott ist und Gott nichts ungeordnet lässt, folgt, dass die Ordnung, nach der die Niederen den Oberen untergeben sind, von Gott stammt. Also widersetzt sich der, der sich der Macht widersetzt, auch Gott: »Sie haben nicht dich, sondern mich zurückgewiesen, dass ich sie nicht mehr führen soll.« Bei *Lukas* sagt er: »Wer euch ablehnt, lehnt mich ab.« Widerstand gegen die göttliche Ordnung verletzt die Tugend des Anstands. Die verletzt, wer sich der Macht *im Rahmen ihrer Geltung* widersetzt.

Wo er dann sagt, »die dies tun« (sich widersetzen), zeigt er, dass die Unterwerfung nicht nur tugendsam, sondern auch nötig ist. Erst behauptet er, dann (»denn die Führer sind« usw.) begründet er es. Er sagt also, wer der Macht sich widersetze, widersetze sich Gottes Anordnung, was zu meiden sei, da es gegen die Tugend verstößt. Freilich gibt es viele, die die Tugend nicht mögen und Verstöße gegen sie nicht verabscheuen. Diese sind durch Strafen zur Meidung des Bösen zu bringen, weshalb er sagt, wer sich widersetze, d. h. der göttlichen Anordnung, verdiene sich die Verdammung für den Verstoß gegen die göttliche

acquirunt«, contra potestatis ordinem agendo. Quod quidem potest intelligi, uno modo, de damnatione æterna, quam merentur qui potestatibus subjici nolunt in eo quod debent. In cujus exemplum Dathan et Abiron, qui Moysi et Aaron restiterunt, sunt a terra absorpti, ut habetur Numeri, XVI. Alio modo potest intelligi de damnatione pœnæ, quæ per ipsos principes infertur. Pv., XX: »Sicut rugitus leonis, ita et terror regis: Qui provocant eum, peccant in animam suam.«

Sed contra hoc videtur esse quod Apostoli et martyres principibus et potestatibus restiterunt et ex hoc non damnationem a Deo sed præmium acquisiverunt. Sed dicendum est quod Apostolus hic loquitur de eo qui resistit potestati inferiori, secundum quod est a Deo ordinata. Habet autem hoc divina ordinatio ut potestati inferiori non obediatur contra superiorem, sicut etiam in rebus humanis ut proconsuli non obediatur contra imperatorem, nec balivo contra regem. Et omnis potestas humana sub potestate Dei ordinatur et nulli potestati humanæ est contra Deum obediendum, secundum illud Act., V: »Oportet obedire magis Deo quam hominibus.«

Deinde cum dicit »nam principes«, etc., assignat rationem ejus quod dixerat.

Et primo proponit rationem.

Secundo ex ratione posita quoddam utile documentum trahit, ibi »vis autem non timere potestatem«, et cetera.

Tertio hujus documenti necessitatem assignat, ibi »si autem malefeceris«, et cetera.

Dicit ergo primo: Dictum est quod qui resistunt potestati, sibi damnationem acquirunt, nam principes, qui hic potestates dicuntur, non sunt timori, id est in timorem, boni operis, id est propter bonum opus, sed mali, id est propter malum. Quod quidem videtur esse intelligendum secundum

1.2.2.1.1 Anordnung. Dies kann man begreifen einerseits als die ewige Verdammung: Solche wird all jenen zuteil, die in Angelegenheiten sich nicht unterwerfen, bei denen sie es tun sollten. Zum Beispiel verschluckte der Erdboden Datan und Abiram, die Mose und Aaron widerstritten,

1.2.2.1.2 was bei *Mose* zu lesen ist. Andererseits als Strafe, etwas, das freilich der Machthaber verhängt. »Wie das Brüllen des Löwen, so der Schrecken des Königs: Wer ihn reizt, versündigt sich wider sein Leben.« ◁ A57

Exkurs Dagegen scheint zu sprechen, dass Apostel und Märtyrer den Machthabern widerstanden und sich deswegen nicht Verdammnis, sondern Lohn von Gott verdienten. Doch es ist zu sagen, dass der Apostel hier von denen redet, die einer untergeordneten Macht sich widersetzen, insofern ◁ A58
Gott sie angeordnet hat. Die Anordnung lautet nicht, die obere solle der niederen Macht sich fügen, wie man dem Prokonsul nicht gegen den Imperator, dem Fürsten nicht gegen den König gehorcht. Alle menschliche ist der göttlichen Macht untergeordnet; man hat jener laut *Apostel-* ◁ A47
geschichte nicht gegenüber dieser zu gehorchen: »Gott muss man mehr gehorchen als Menschen.«

1.2.2.2 Wenn er dann sagt, »denn die Führer« usw., begründet er, was er gerade gesagt hat.

1.2.2.2.1 Erstens gibt er den Grund an.

1.2.2.2.2 Zweitens folgert er aus ihm eine nützliche Lehre, wo er ◁ S. 135
sagt, »willst du die Macht nicht fürchten« usw.

1.2.2.2.3 Drittens zeigt er auf, wie nötig die Lehre ist, wo er sagt, ◁ S. 137
»tust du aber Böses, fürchte dich« usw.

1.2.2.2.1 Er sagt zum ersten, diejenigen, die der Macht sich widersetzten, zögen sich die Verdammnis zu, denn Anführer, die hier Machthaber genannt werden, verbreiteten keine Furcht, seien nicht zu fürchten, unter den Guten, die Gutes, sondern den Bösen, die Böses tun. Das ist zu ver-

133

causam instituendi principes. Ad hoc enim sunt instituendi principes, ut illi qui amore virtutis non provocantur ad vitandum malum et faciendum bonum, cogantur ad hoc timore pœnæ. Prov., XX: »Rex qui sedet in solio judicii, dissipat omne malum intuitu suo.« Et secundum hoc dicitur quod principes non sunt timori boni operis sed mali, quantum ad id quod principi ex officio competit, sicut et Esaje, 32, dicitur: »Princeps ea quæ sunt digna principe cogitabit.« Potest autem hoc referri etiam ad malos principes, qui non sunt timori boni operis sed mali: Quia et si interdum injuste persequuntur bene operantes, non tamen illi qui bene operantur, causam habent timendi, quia hoc ipsum, si patienter sustinent, in eorum bonum cedit, secundum illud primæ Petri, 3: »Si quid patimini propter justitiam, beati: timorem autem eorum ne timueritis, ut non conturbemini.« Ex hoc autem quod hic dicitur, assignari potest ratio quare qui potestati resistunt, sibi damnationem acquirant, sive intelligatur de damnatione punitionis, qua principes rebelles puniunt, sive de damnatione qua homines puniuntur a Deo. Si enim principes sunt timori mali operis, consequens est quod si aliquis potestati resistat, male operetur; et ita ipse homo, male agendo, est sibi causa punitionis temporalis et æternæ.

Deinde cum dicit »vis autem non timere«, etc., ex eo quod dixerat quoddam utile documentum tradit, scilicet vitandi timorem principum. Et primo insinuat sua interrogatione hoc esse desiderabile, dicens »vis non timere potestatem«? Quasi dicat: Hoc debet homini esse placitum. Proverbia, 20: »Sicut rugitus leonis, ita et terror regis.«

Secundo docet medium ad hoc perveniendi, dicens »bonum fac«; quia, ut dicitur Prov., XVI: »Voluntas regum, labia justa«; et in Ps., [CI]: »Ambulans in via immaculata, hic mihi ministrabat.«

134

stehen als Grund zur Einsetzung von Führern. Dieser besteht hierin, dass jene, die nicht durch Liebe zur Tugend dazu gebracht werden, das Übel zu meiden und Gutes zu tun, die Strafe fürchten; der *Spruch* lautet: »Der König auf dem Richterstuhl vertreibt alles Böse mit seinem Blick.« ◁ A59 Deshalb wird gesagt, die Führer seien nicht wegen guter, sondern wegen böser Taten zu fürchten, wie *Jesaja* es ausdrückt: »Die führen, die auf das sehen, was ihnen würdig ist.« Es trifft freilich auch auf böse Führer zu, dass sie kein Schrecken für gutes, sondern schlechtes Benehmen sind, gar dann, wenn sie Gute ungerecht verfolgen, denn diese nehmen das ruhig hin, und es wendet sich zum Positiven; »selbst wenn ihr aus Gründen euer Gerechtigkeit leidet, seid ihr im Glück: lasst euch von ihnen nicht schrecken noch ängstigen«, wie es im *Petrusbrief* heißt. Daraus lässt sich auch ableiten, warum die, die der Macht Widerstand leisten, sich die Verdammung einhandeln, aufgefasst als Bestrafung der Rebellen durch den Führer oder als Verdammung von Menschen durch Gott. Wenn die Führer der Schrecken für die bösen Taten sind, folgt daraus, dass die, die ihrer Macht sich entgegen setzen, böse handeln; und deswegen ist der böse handelnde Mensch der Grund für seine weltlichen und ewigen Strafen.

1.2.2.2.2 Wo er sagt, »willst du die Macht nicht fürchten« usw., zieht er die nützliche Lehre, auf welche Art man sich dem 2.2.2.2.1 Schrecken der Machthaber entwindet. Erstens besagt das »willst du keine Furcht haben?«, dies sei zu wünschen, soll heißen, dem müsse laut *Sprüchen* jeder zustimmen: »Wie das Brüllen des Löwen, so der Schrecken der Könige.«

2.2.2.2.2 Zweitens zeigt er, womit das zu bewerkstelligen sei, indem er sagt, »tue Gutes«, so wie es in den *Sprüchen* heißt: »Dem König gefallen gerechte Lippen.« Und in den *Psalmen* lesen wir: »Wer auf makellosem Weg wandelt, hat mir gedient.«

Tertio ostendit hujus effectum, dicens: Et si benefeceris, non solum timorem vitabis, sed etiam »habebis laudem ex illa«, scilicet potestate; quod planum est si accipiatur secundum finem, ad quem institutæ sunt potestates. Ad hoc enim institutæ sunt ut non solum a malis timore pœnarum retrahant, sed etiam ut ad bonum per præmia alliciant, secundum illud pæ Pe., 2: »… sive ducibus tamquam ab eo missis ad vindictam malorum, laudem vero bonorum«. Verificatur hoc etiam de malis principibus, quorum injustam persecutionem, dum boni patienter sustinent, laudantur. Jac., V: »Ecce beatificamus eos, qui sustinuerunt.«

Quarto rationem assignat, dicens »Dei enim minister est tibi in bonum«. Quod quidem manifeste patet, quantum ad debitum ordinem principum. Sunt enim sub regimine Dei, quasi supremi principis, tamquam ministri ordinati. Sapientia, VI: »Cum essetis ministri regis illius«, et cetera. Ad idem autem tendit minister et dominus. Ecc., X: »Secundum judicem populi, sic et ministri ejus.« Et ideo sicut Deus operatur in bonum his qui bonum agunt, ita et principes si recte ministerium suum impleant. Sed et mali principes ministri Dei sunt, secundum ordinationem Dei ad inferendas pœnas, licet hoc sit præter intentum eorum; secundum illud Esajæ, X: »Assur virga furoris mei, et baculus ipse in manu mea est.« Ipse autem non sic arbitrabitur. Et Hjere., XXV: »Assumam universam cognationem Aquilonis, et Nabuchodonosor regem Babylonis servum meum, et adducam eos super terram istam, et super habitatores ejus«, et cetera. Et quia tales mali principes, interdum, Deo permittente, bonos affligunt, quod in bonum eorum cedit, secundum illud supra VIII: »Diligentibus Deum«, et cetera.

Deinde cum dicit »si autem male«, etc., ostendit necessitatem præmissi documenti. Dictum est enim quod benefaciendo non timebis potestatem, »si autem malefeceris,

.2.2.2.3 Drittens beschreibt er die Wirkung, nämlich dass man, indem man Gutes tut, nicht nur die Furcht verliert, sondern auch »Lob von ihr«, der Macht, »erhält«. Das zeigt sich, wenn man bedenkt, warum die Macht eingerichtet wurde, nämlich nicht bloß, um die Bösen mit Strafen das Fürchten zu lehren, sondern nach *Petrus* auch die Guten zu belohnen: »... oder den Abgesandten, um Böses zu bestrafen und Gutes zu loben«. Dies bewährt sich selbst bei ungerechter Verfolgung durch böse Führer, die geduldig zu ertragen genauso Lob erfährt; *Jakobus* sagt: »Siehe, wir preisen jene glücklich, welche erduldet haben.«

.2.2.2.4 Viertens folgt die Begründung: »... denn sie hilft Gott, dir zum Guten.« Dies wird klar aus der rechten Ordnung der Macht. Sie hilft Gott als gleichsam oberstem Machthaber; die *Weisheit* lautet: »Ihr seid Diener seines Reiches.« Herr und Helfer streben nach dem Gleichen; bei *Sirach* heißt es: »Der Richter eines Volks gleicht seinen Helfern.« Wie Gott denen zugute kommt, die Gutes tun, so auch die Anführer, wenn sie ihres Amtes walten. Die bösen Führer helfen Gott ebenfalls, indem sie nach Gottes Plan Strafen verhängen, obwohl sie das nicht beabsichtigen; was *Jesaja* sagt: »Assur ist Rute und Peitsche meines Zorns in meiner Hand. [... 7 aber er meint's nicht so.]« Durch *Jeremia* verkündet Gott: »Ich will die ganze Sippschaft des Nordens und meinen Knecht Nebukadnezar, den König von Babel, herzitieren und sie verwüsten lassen dies Land und seine Bewohner« usw. Dergestalt erlaubt Gott bösen Führern bisweilen, Gute zu peinigen; das kommt den Guten jedoch zugute, was weiter oben im *Römerbrief* steht: »Denen, die Gott lieben, [gereicht alles zum Besten].«

.2.2.2.3 Wo er dann sagt, »tust du Böses« usw., zeigt er, wie nötig
.2.2.2.3.1 der vorgebrachte Grundsatz sei. Während, wenn du Gutes tust, du nichts zu fürchten hast, hast du Grund, dich zu

time«, quia causam timoris habes. Proverbium, X: »Pavor his qui operantur malum«. Sap., XVII: »Cum sit timida nequitia, data est in omnium condemnationem«.

Secundo assignat rationem dicens »non enim sine causa gladium portat«. Loquitur autem secundum consuetudinem principum, qui quasi insignia suæ potestatis deferebant instrumenta puniendi, puta fasces virgarum ad verberandum, et secures vel gladios ad occidendum. Job, XIX: »Fugite a facie gladii, quoniam ultor iniquitatum est gladius.«

Tertio rationem exponit dicens portat, inquam, »gladium«, quia est minister Dei, »vindex«, id est vindictam exercens, »in iram«, id est, ad exequendam iram Dei, id est justum judicium ejus, »ei qui malum agit«, id est, contra malefactorem. Ecc., XVI: »Ecce ego congregabo omnes amatores tuos, et judicabo te in judiciis adulterorum, et dabo te in manus eorum«, et cetera. Prov., XVI: »Abominabiles regi qui impie agunt, quoniam justitia firmatur solium.« Ex quo patet quod non solum est licitum, sed etiam meritorium principibus, qui zelo justitiæ vindictam exercent in malos. Unde dicitur Ecce., 29: »Erit merces exercitui illius, et operi quo servivit mihi adversus eam. «

Deinde cum dicit »ideoque necessitate«, etc., infert conclusionem principaliter intentam, dicens: ideoque, propter prædictas rationes, subditi estote principibus ex necessitate, quia scilicet hoc est ex necessitate salutis, vel subditi estote voluntarie necessitati, quæ vobis imminet potentia principum, ut faciatis de necessitate virtutem; non solum propter iram, id est vindictam vitandam, quod pertinet ad secundam rationem, sed etiam propter conscientiam bonam conservandam, quod pertinet ad primam rationem, quia qui potestati resistit Dei ordinationi resistit. Tit., III: »Admone illos principibus et potestatibus subditos esse.«

fürchten, so du Böses tust. »Schrecken für den, der Böses
tut«, heißt es in den *Sprüchen*, und in der *Weisheit*, Bosheit   ◁ B 71
sei feige, was sich bei jeder Verurteilung zeige.

2.2.2.3.2 Zweitens fügt er den Grund hinzu: »Nicht grundlos trägt
sie das Schwert.« Er gebraucht diese Worte wegen der Ge-
wohnheit der Führer, die Werkzeuge ihrer Macht als Insignien vor sich her tragen zu lassen, wie Rutenbündel zur
Züchtigung und Äxte oder Schwerter zur Hinrichtung;
bei *Hiob* heißt es: »Flieht vorm Antlitz des Schwertes,
denn es ist der Rächer des Unrechts.«

2.2.2.3.3 Drittens erklärt er den Grund: *Schwert* meint den Helfer
Gottes, *Anklage* Klage erheben, *zornig* die Vollstreckung
von Gottes Zorn, d. h. seines gerechten Urteils, *Bösewicht*
diejenige Person, die Böses getan hat. Bei *Hesekiel* heißt
es: »Siehe, ich versammle alle deine Liebhaber, richte dich
nach dem Recht des Ehebruchs und gebe dich in ihre
Hand.« In den *Sprüchen* heißt es: »Frevler sind dem König
ein Gräuel, Gerechtigkeit festigt seinen Thron.« Daraus
erhellt, dass es nicht nur legal, sondern auch verdienstvoll
ist, wenn er Böse aus Gerechtigkeitsstreben anklagt. Wie
es bei *Hesekiel* heißt: »Das sei der Lohn für sein Heer, da   ◁ B 36
er mir gegen meinen Widersacher gedient hat.«   ◁ A 62

1.3 Wo er dann sagt, »unterwerft euch« usw., zieht er den   ◁ A 63
Hauptschluss: *darum*, aus dem gegebenen Grund, muss
man sich notwendig den Machthabern unterwerfen, weil   ◁ A 64
es für die Erlösung notwendig ist; oder freiwillige Unterwerfung ist notwendig, denn die Machthaber bedrohen
euch, die notwendige Tugend zu üben, nicht bloß, um
Furcht abzuwenden, was der zweite Grund war, sondern   ◁ 1.2.2
auch für ein gutes Gewissen, der erste Grund, da der,   ◁ 1.2.1
der der Macht sich widersetzt, sich Gott widersetzt, wie
es im *Titusbrief* heißt: »Ermahne sie, dass sie sich den
Machthabern unterwerfen.«

Deinde cum dicit »ideo enim et tributa præstatis«, etc. inducit homines ad exhibendum suis superioribus signum subjectionis.

Et primo ponit signum subjectionis.

Secundo inducit ad ejus exhibitionem, ibi »reddite ergo«, et cetera.

Circa primum duo facit. Primo ponit subjectionis signum, dicens »ideo enim«, scilicet quia debetis esse subjecti, »et tributa præstatis«, id est, præstare debetis, in signum scilicet subjectionis. Et ideo conquerendo dicitur Thren., pri°:

Klgl. 1:1 »Princeps provinciarum facta est sub tributo.« Dicuntur autem tributa, eo quod subditi dominis ea tribuunt.

Secundo assignat rationem, dicens »ministri enim Dei sunt, in hoc ipsum«, id est, pro ipso, scilicet tributa recipiendo, servientes, scilicet Deo, et populo. Quasi dicat: Unusquisque de suo ministerio vivere debet, secundum illud

1 Kor. 9:7 primæ Cor., IX: »Quis, pascit gregem et de lacte ejus non edit?« Et ideo cum principes nostri suo regimine Deo ministrent, a populo debent tributa suscipere, quasi stipendia sui ministerii, non autem ita quod hoc debeant sibi computare pro præmio. Proprium enim præmium principis est laus et honor, ut Philosophus dicit in quinto Ethicorum. Et cum hoc non sufficit, tyrannus fit.

Sed hoc non est intelligendum de laude humana solum vel honore, quia tale præmium esset vanum, sed de laude et honore Divino, qui principibus bene gubernantibus ex-

Weish. 6:21 hibetur. Sap., VI: »O reges populi, diligite sapientiam, ut in perpetuum regnetis.« Hujusmodi autem tributa recipiunt ad sustentationem, laborant autem principes ad omnium

1 Tim. 2:1 pacem. Unde dicitur priæ Thym., II: »Obsecro primum omnium fieri obsecrationes pro regibus, et omnibus qui in sublimitate sunt constituti, ut quietam ac tranquillam vitam

Bar. 1:11 agamus.« Bar., primo: »Orate pro vita Nabuchodonosor re-

140

2 Wo er dann sagt »darum leistet ihr Tribut« usw. drängt er die Menschen, ihren Vorgesetzten gegenüber ihre Unterwerfung anzuzeigen.

2.1 Erstens nennt er das Anzeichen der Unterwerfung.

2.2 Zweitens drängt er sie mit »zollt jedem, was ihr schuldig seid« usw. dazu, die Unterwerfung anzuzeigen.

2.1.1 Bezüglich des ersteren macht er zweierlei. Erstens nennt er das Anzeichen der Unterwerfung: *darum*, d. h. weil ihr euch unterwerfen sollt, *leistet ihr Tribut*, d. h. müsst ihr ihn leisten als Zeichen der Unterwerfung. Die *Klagelieder* beginnen deswegen mit: »Die Königin unter den Ländern ist tributpflichtig geworden.« ◀ A65

2.1.2 Zweitens gibt er einen Grund an, nämlich dass sie Helfer Gottes seien, d. h. als solche den Tribut erhalten, und als Helfer Gott und dem Volk dienen. Gleichsam: Jeder solle vom Dienst, den er leistet, leben, wie im ersten *Korintherbrief* steht: »Wer weidet die Herde, ohne etwas von der Milch abzubekommen?« Da unsere Anführer Gott helfen, uns zu lenken, schuldet das Volk ihnen Tribut als Entgelt für die Hilfe, was nicht als Belohnung gilt. Die Belohnung ist Lob und Ehre, wie der Philosoph im fünften Buch der *Ethik* sagt. Und wem dies nicht genügen sollte, der ist ein Tyrann. Basta. ◀ Q27

Exkurs 1 Das sollte freilich nicht so verstanden werden, als sei Lob und Ehre bloß von Menschen gemeint, denn diese sind vergänglich, vielmehr von Gott, der gut steuernde Lenker laut *Weisheit* hervorhebt: »O Lenker der Völker, achtet die Weisheit, damit ihr ewig lenkt.« Sie erhalten den Tribut als Lebensunterhalt und arbeiten für den Frieden aller, wie es bei *Timotheus* heißt: »Ich bitte um Fürbitte für die Herrscher und als Vorgesetzte Eingesetzten, um das Leben ruhig fristen zu können.« Und bei *Baruch* heißt es: »Betet für Nebukadnezar, König von Babylon, auf dass ◀ Q16

und arbeiten für den Frieden aller

Vietnamkrieg

und arbeiten für den Frieden aller

Afghanistankrieg

gis Babylonis, ut vivamus sub umbra ejus.« Ab hoc tamen debito liberi sunt clerici ex privilegio principum, quod quidem æquitatem naturalem habet. Unde etiam apud gentiles liberi erant a tributis illi qui vacabant rebus divinis. Legitur enim Gen., XLVII: »Quod Joseph subjecit Pharaoni totam terram Ægypti præter terram sacerdotum, quæ a rege tradita fuerat ejs, quibus et statuta cibaria ex horreis publicis præbebantur.« Et infra dicitur quod »in universa terra Ægypti, quinta pars solvitur absque terra sacerdotali, quæ libera erat ab hac conditione«. Hoc autem ideo æquum est, quia sicut reges sollicitudinem habent de bono publico in bonis temporalibus, ita ministri Dei in spiritualibus, et sic per hoc quod Deo in spiritualibus ministrant, recompensant regi quod pro eorum pace laborat.

Sed attendendum est, cum tributa dicat regibus esse debita quasi laboris stipendium, dupliciter peccare possunt principes accipiendo tributa. Primo quidem si utilitatem populi non procurent, sed solum ad diripiendum eorum bona intendant. Unde dicitur Ecec., XXXIV: »Lac comedebatis et lanis operiebamini, et quod crassum erat, occidebatis, gregem autem meum non pascebatis.« Alio modo ex eo quod violenter diripiunt supra statutam legem, quæ est quasi quoddam pactum inter regem et populum, et supra populi facultatem. Unde dicitur Mich., III: »Audite principes Jacob, et duces domus Israel.« Et postea subdit: »qui violenter tollitis pelles eorum desuper eis, et carnes eorum desuper ossibus eorum.«

Deinde cum dicit »reddite ergo«, etc., monet ad reddendum prædictum subjectionis signum.

Et primo quidem in generali, dicens: Ex quo tributum debetur principibus, tamquam Dei ministris, »reddite ergo omnibus debita«. Ex quo patet quod ex necessitate justitiæ tenentur subditi sua jura principibus exhibere. Ma., XVIII:

144

wir in seinem Schatten leben.« Von dieser Pflicht befreit
sind Kleriker aufgrund eines ursprünglichen Privilegs, für   ◁ A66
das es eine natürliche Begründung gibt; sogar bei Heiden
genossen es die, die Muße für Göttliches brauchten, wie
bei *Mose* zu lesen ist, dass Joseph das ganze Land für den
Pharao aufkaufte außer den Boden, den die Priester vom
Haupt erhalten hatten; sie ernährten sich mit dem, was
ihnen aus öffentlichen Speichern zugeteilt wurde. Weiter
heißt es, ganz Ägypten musste den fünften Teil abliefern,
ausgenommen war der priesterliche Boden. Das ist angemessen, denn wie die Häupter das öffentliche Gut in
irdischer Hinsicht besorgen, so die Helfer Gottes in geist-
licher Hinsicht, die dem Haupt es hiermit vergelten, dass
es für ihren Frieden tätig ist.

Exkurs 2   Es ist zu beachten, dass, obwohl er sagt, dem Haupt stehe   ◁ A67
Tribut als Entgelt für die Arbeit zu, ein Führer in zweierlei

Ex. 2.1   Hinsicht sündigen kann, wenn er es annimmt. Erstens,
wenn es ihm nicht um den Nutzen der Leute, sondern um
den Zugriff auf ihr Hab und Gut geht, wie es bei *Hesekiel*
heißt: »Ihr trinkt die Milch, schert die Schafe, schlachtet
die Gemästeten, doch weidet meine Herde nicht.« Und

Ex. 2.2   andererseits, wenn sie mehr nehmen, als das Gesetz,
gleichsam der Vertrag zwischen Haupt und Volk, vorsieht   ◁ A30
und mehr als die Leute tragen können, wie es bei *Micha*
heißt: »Hört, ihr Häupter Jakobs und Führer des Hauses
Israel [...], die ihr ihnen mit Gewalt die Haut abzieht und
das Fleisch von ihrem Gebein.«

2.2   Wo er dann sagt »zollt jedem« usw., mahnt er zu den genannten Anzeichen der Unterwerfung.

2.2.1   Erst allgemein, Oberhäuptern stehe als Helfern Gottes
Tribut zu, also »jedem, was ihm zusteht«. Daraus erhellt,
aus der Gerechtigkeit folge notwendig, dass Untergebene
das Recht der Oberhäupter wahren, wie es bei *Matthäus*

 »Oblatus est regi unus qui debebat decem millia talenta.«
 Et [Ma.], XXII: »Reddite quæ sunt Cæsaris, Cæsari«, et cetera.

Secundo specificat, et,

primo, ea quæ sunt exteriora, dicens »cui tributum«,
scilicet debetis, »reddite tributum«, quia scilicet principi
tribuitur pro generali regimine, quo patriam in pace et
quiete gubernat. Gen., XLIX: »Vidit requiem quod esset
 bona, factusque est tributis serviens.« Cui »vectigal«, scilicet debetis, »reddite vectigal«, quod scilicet redditur principi in aliquibus certis locis de mercimoniis, quæ deferuntur
pro reparatione viarum et custodia. Vel vectigal dicitur,
quod datur principi, quando per patriam devehitur, sicut
sunt procurationes et alia hujusmodi.

Secundo ponit ea quæ sunt interius exhibenda. Est autem
considerandum quod principi debetur et timor et honor:
timor quidem, inquantum est dominus, sua potestate malos
 coercens a malis. Mal., primo: »Si ego dominus, ubi est
timor meus?« Et ideo dicit »cui timorem«, scilicet debetis,
 »reddite timorem«. Proverb., XXIV: »Deum time, fili mi.«
Inquantum autem quasi pater providet bonis quæ sunt in
 laudem eorum, debetur illi honor. Mal., primo: »Si ego pater,
ubi honor meus?« Et ideo subdit, »cui honorem«, scilicet
 debetis, reddite honorem. Deinde Pe. p°, [II]: »Regem hono-
rificate.«

 Sed contra est quod dicitur Livt., XIX: »Non honores vultum
potentis.« Sed hoc est intelligendum quantum ad hoc ut
 pro eo a justitia non declines. Unde subditur: »Juste judica
proximo tuo.«

146

heißt: »Vor den Gebieter wurde jemand gebracht, der B72
schuldete ihm zehntausend Talente« etc. sowie »gebt dem B73
Kaiser, was des Kaisers ist«.

2.2.2 Zweitens präzisiert er.

2.2.2.1 Erstens, was Äußerlichkeiten betrifft: »wem Tribut« geschuldet wird, »zollt Tribut«, also dem Oberhaupt für die
generelle Steuerung des Vaterlands in Ruhe und Frieden,
wie es bei *Mose* heißt: »Er sieht ein, dass Ruhe ein Gut ist
und wird zu einem tributpflichtigen Knecht.« Wem »Zoll«
geschuldet ist, »zahle man Zoll«, welcher mancherorts auf
Waren erhoben wird, um Straßen auszubessern und um
Sicherheit zu gewährleisten. Oder man versteht unter
Zoll alle Abgaben an den König, der das Land bereist, für
die Verwaltung und ähnliches.

2.2.2.2 Zweitens spricht er die inneren Werte an. Dazu ist zu bedenken, dass man dem Leiter Furcht und Ehre schuldet: A68
Furcht, da es der Herr ist, der laut *Maleachi* seine Macht
einsetzt, um Böse vom Bösen abzuhalten: »Bin ich Herr,
wo ist Furcht vor mir?« Also »wem Furcht« gebührt, zollt
Furcht, wie es in den *Sprüchen* heißt: »Fürchte Gott, mein
Sohn.« Da er die Guten wie ein Vater lobt, ist ihm Ehre zu
zollen, wie *Maleachi* sagt: »Bin ich Vater, wo ist meine
Ehre?« So fügt der Apostel hinzu »wem Ehre« gebührt,
zollt Ehre, wie es im ersten Brief von *Petrus* heißt: »Ehrt
den König.«

Exkurs Bei *Mose* aber heißt es im Gegenteil: »Ehre den Mächtigen A69
nicht.« Aber das ist so zu verstehen, dass man für sie nicht
von der Gerechtigkeit abweicht. Deswegen wird gesagt:
»Richte gerecht über deinen Nächsten.«

◼ S. 35   Die meisten Chefs üben unterm Deckmantel ihrer Königs-
          würde eine Tyrannei aus.

◼ S. 27   Je einheitlicher [eine Führung] ist, um so mehr Schaden
          kann sie stiften.

◼ S. 33   Es ist natürlich, dass in Furcht aufwachsende Menschen
          knechtisch gesinnt und schließlich zu mutlos für stand-
          haft große Taten werden.

◼ S. 81   Furcht ist eine hinfällige Grundlage.

◼ S. 43   Die Gruppe muss sich tatkräftig und achtsam bei ihrem
          Chef vorsehen, um nicht plötzlich einem Tyrannen in die
          Hände zu fallen.

◼ S. 107 Das Ziel der Gruppe muss mit dem jedes Einzelnen über-
          einstimmen.

◼ S. 73   Viele in Führungspositionen heben ab, obwohl in unter-
          geordneter Position sie tugendsam zu sein schienen.

◼ S. 87   Wenn jemand, der *einen* Menschen beraubt, versklavt
          oder tötet, härteste Bestrafung verdient [...], um wieviel
          stärkere Qualen müssen wir dem Tyrannen an den Hals
          wünschen, der alle ausplündert, die Freiheit von jedem
          untergräbt und nach seinem geringsten Gutdünken Hin-
          richtungen veranstaltet?

◼ S. 87   [Tyrannen] erlauben sich ohne Reuegefühl alles das, was
          sie, ohne auf Widerstand zu treffen, straflos tun können.

◼ S. 45   Überschreitet der Tyrann das erträgliche Maß, scheint es
          zur Tugend der Tapferkeit zu gehören, ihn zu töten und
          für die Befreiung der Massen sich der Todesgefahr aus-
          zusetzen.

NACHWORT

»[2]Weidet die Herde Gottes, die euch anbefohlen ist, und achtet auf sie, nicht gezwungen, sondern freiwillig, wie es Gott gefällt, nicht um schändlichen Gewinns willen, sondern von Herzensgrund, [3]nicht als solche, die über die Gemeinden herrschen, sondern als Vorbilder der Herde. [4]So werdet ihr, wenn erscheinen wird der Erzhirte, die unverwelkliche Krone der Herrlichkeit empfangen.«

1 Petrus, 5:2 bis 5:4 (Luther, 2017)

Spätestens, wo Thomas sagt, die *eine* (weise) Führungsperson sei das beste, und dies ist an einer ziemlich frühen S. 21 Stelle im vorliegenden Text, sehe ich da nicht ein Lächeln wegen der Naivität des Aquinaten abschätzig über das Gesicht huschen, der sei ja ein so seiner Zeit angepasster, naiver Apologet der Königsherrschaft? Die Häme über die vermeintliche Naivität ist allerdings unangebracht – aus gleich mehreren Gründen.

Zunächst einmal ist es nicht weniger, vermutlich deutlich naiver, wie »wir« heute davon auszugehen, dass die Herrschaft der – idealtypischen – Mehrheit einer Bevölkerung eine gute Idee sei. Selbst die überzeugtesten Demokraten trauen der Mehrheit so wenig über den Weg, dass sie darauf bestehen, in der Verfassung »Grundrechte« zu verankern, die die Mehrheit nicht anrühren dürfe. Demnach schätzen sie die Mehrheit so ein, dass es sie durchaus gelüste, die Grundrechte einzuschränken, zu missachten oder ganz abzuschaffen. Es ist nun überdies ziemlich naiv zu meinen, nur weil es in der Verfassung stehe, werde eine

Mehrheit (oder deren formalpolitische Repräsentanz, die Regierung), die über die Grundrechte verfügen möchte, hiervon Abstand nehmen.

Thomas hat ebenfalls eine derartige windige Sicherung gegen die böse, tyrannische Variante des Einen Führers in seine Argumentation eingebaut, wo er sagt, das Volk solle S. 43f sich bei der »Berufung des Königs vorsehen«, gerade weil es so oft vorkomme, dass ein König zum Tyrannen werde. Demnach war er nicht so naiv, anzunehmen, bei Allein S. 35, 73 herrschern handele es sich durchweg um weise Führungspersönlichkeiten; denn er wusste gut, dass es meist wüste Tyrannen sind.

Aber was will er uns damit sagen, das Volk solle sich bei der Wahl des Königs »vorsehen«? Auf dem historischen Hintergrund, dass die Schrift sich an einen König wandte, S. 158f vermutlich Hugo II., bekommt die Formulierung eine ganz besonders heikle Note. Der König von Zypern war alles andere als ein Wahlkönig. Wenn man nicht davon ausgehen will, dass Thomas uninformiert gewesen sei, enthält die Formulierung eine harsche Kritik, nicht am Volk, sondern am König.

Bei »Volk« denkt man heute, vor allem im Zusammenhang einer vermeintlich staatsphilosophischen Schrift, an das Staatsvolk, das zur modernen Definition eines Staats gehört. Doch in diesem Sinne gab es zu der Zeit von Thomas und in seinem Denken gar kein Volk, das etwa durch Geschichte, Sprache oder eine halbwegs stabile Grenzziehung zu definieren wäre. Fürsten- und Königshäuser herrschten über Sprach-, Geschichts- und Kulturgrenzen hinweg, einige Teile der beherrschten Gebiete kamen mittels Heirat, Krieg, Schenkung oder Schacher dazu oder gingen verloren. Wenn Thomas von »Wahl« spricht, hat er meines Erachtens die *Abtwahl* in einem Kloster vor

150

Augen. Die Mönchsgemeinschaft zeichnet vor allem aus, idealtypisch freiwillig zu sein: *Das Ziel der Gruppe muss mit dem jedes Einzelnen übereinstimmen.* Dies ist das Volk, auf das Thomas sich bezieht. Er meint kein Staatsvolk, vielmehr freiwillige Gemeinschaften, auf welchen Prinzipien auch immer sie sich gründen mögen, religiöse, kulturelle, sprachliche, berufliche, freundschaftliche.

S. 107

Dies wird noch an einem zweiten Punkt ganz deutlich, der eng mit diesem zusammenhängt. Die Formulierung, die alleinigen Führungskräfte würden *meistens* zu Tyrannen und darum solle das Volk sich bei deren Wahl vorsehen, impliziert zugleich ein Widerstandsrecht. Für moderne Rechtspositivisten ist das Widerstandsrecht ein Unding und sie möchten es auch aus Thomas' Text tilgen.

S. 35, 73
S. 43f

Wem eignet das Widerstandsrecht? Es gibt nur eine mögliche Instanz bei Thomas: die Vernunft jedes Einzelnen; heute sagt man »Gewissen«, aber das ist vermutlich zu schwach. Denn wenn es kein »Staatsvolk« und schon gar kein »Wahlvolk« gibt, wer sonst könnte der Träger einer Aktion gegen den Tyrannen sein? Thomas rät zwar von Alleingängen ab, es gibt aber keinen Zweifel, dass jeder Einzelne aufgerufen ist, gerecht zu handeln, und zwar auch und gerade im Widerstand gegen vom Tyrannen verfügtes Unrecht. Wo es um die Absprache zwischen denen geht, die dem Tyrannen Widerstand entgegen setzen, wird erneut deutlich, dass es sich um ein aus Freiwilligkeit konstituiertes Volk handelt.

S. 47
S. 31, 45
S. 71, 81f
S. 87
A 27f

Dass die positiv gesehene alleinige Führungskraft keine ist, die heutigen Präsidenten oder römischen Kaisern mit statischem Herrschaftsbereich ähnelt, ist auch bereits an dem Plural »Fürsten« (*principes*) ersichtlich, um deren Führung es nahezu synonym zum »König« bei Thomas geht (auch spricht er meistens nicht von dem *einen* König,

S. 156

¿Madonna?

¿Jesús?

vielmehr von *den* Königen, *reges*): Es geht nicht um eine territoriale, sondern die organisatorische Ausschließlichkeit. Es sei besser, wenn in einer – idealtypisch – freiwillig konstituierten Gruppe Einer das Sagen habe, als dass »zahlreiche Köche den Brei verderben«. Und an diesem Argument ist auch heute noch was dran. Die meisten freiwillig konstituierten Organisationen werden von *einer* Person geführt, manchmal gewählt, manchmal von der, die die Organisation gegründet hat, oft über viele Jahre, manchmal bis zum Lebensende dieser einen Person. Und wenn sie verrückt wird und dummes Zeug macht, besteht der Widerstand praktischerweise einfach darin, dass die Mitstreiter oder die Mitarbeiter das sinkende Schiff verlassen und sich anderweitig orientieren.

Oder anders gesagt: Solange die alleinige Führungskraft keine Gewalt ausübt und Menschen zum Gehorsam zwingt, bedarf es keiner anderen Vorsichtsmaßnahme als der Möglichkeit – dem Recht – zur Sezession. Das heißt, solange es Keine Macht für Niemand – im Umkehrschluss: Alle Macht für Jeden – gibt, ist die Harmonie einer Gemeinschaft erreicht, in der das gegenseitige Miteinander ihr Konstitutionsprinzip ist, nicht das der Herrschaft.

Was als Begründung der Königsherrschaft beginnt, gerät Thomas unter der Hand zur Begründung der Anarchie, zur Begründung des Keine Macht für Niemand, oder: Jede Macht ist illegal.

Die empirische Basis der Argumentation von Thomas ist die römische Geschichte bis Augustin (also fünftes Jahrhundert) und die Israels, wie sie in der Tora dargestellt wird. Die rund sechs Jahrhunderte zwischen dem Untergang Roms und seiner Gegenwart kommen nicht vor. Es kommt nicht vor, dass das Heilige Römische Reich aktuell keinen Kaiser (keinen übergeordneten Herrscher) hatte:

Interregnum; Thomas bedeutet es nichts. Nicht einmal Kirchenschismen kommen vor. Die Spaltung von Gottes auserwähltem Volk in zwei Königreiche kommt nicht vor. Diese Auslassungen sind für die Interpretation fast noch aufschlussreicher als die Beispiele selber.

Was ist das Staatsgebiet und was ist das Staatsvolk, durch die die modernen Theorien den Staat definieren? Rom war ein Vielvölkergebilde mit beständig sich ausdehnenden Grenzen. Israel ist ein Volk, über weite Strecken ohne Staat, klein und mit wechselnden Staatsgebieten.

Für mich ist es offenbar, dass Thomas die Konstitution der Gruppe, die von Einem zu leiten sei, schlicht gar nicht interessiert. Er will sagen: Eine Gruppe wird besser durch Einen als durch ein Gremium geführt, das sich über die einzuschlagende Richtung uneins ist. Wie begegnet man der Gefahr, dass dieser Eine seine Macht missbraucht? Indem diejenigen, die sich ihm unterwerfen oder besser: anschließen (und zwar *freiwillig*), ihre Gefolgschaft aufkündigen, sobald er nicht mehr ihren, sondern nur noch seinen eigenen Vorteil sucht. Dann regelt die Sache mit der Führung und der Gefahr des Machtmissbrauchs sich von selber und ohne Blutvergießen. Falls der Eine jedoch zum Tyrannen wird und seine Herrschaft gegen Widerstand aufrecht erhalten will, dann wird es zum Aufstand kommen. Das ist – laut Thomas – keine Frage der Moral, ◧ S. 45 vielmehr eine ganz unvermeidliche Entwicklung in jeder ◧ S. 81f Gesellschaft. In diesem Sinne ist seine Theorie historisch-materialistisch, soziologisch.

Als Vorbild für das Recht auf Sezession, das Thomas implizit entwickelt, kann wiederum das Kloster gelten, der soziale Lebensraum, den Thomas wirklich kennt. Der Eintritt ist – zumindest idealtypisch – freiwillig. Bei internen Unstimmigkeiten war es verbreitet, dass die Rebellen ein

anderes Kloster gründeten. Noch heute bekannt ist die Neugründung durch Hildegard von Bingen, nachdem sie in ihrem Ursprungskloster gemobbt worden war.

BEGRIFFE DER FÜHRUNG

Ü 03 *Cæsar*, *dominus*, *duce*, *gubernator*, *imperator*, *judex*, *pastor*, *potentatus*, *potestas*, *præses*, *princeps*, *proconsul*, *rector*, *regimen*, *rex*, *superior*, Kaiser, Herr, Führer, Steuermann, Imperator, Richter, Hirte, Machthaber, Vorsitzender, S. 161 Fürst, Prokonsul, Rektor oder *Chef*, König, Oberhaupt. Thomas benutzt eine Vielzahl Begriffe nahezu synonym A 34 und zunächst scheinbar wahllos. Was klar wird, ist, dass er eine überzeitliche Theorie entwickeln will, die nicht von den historischen Bedingungen und den historischen Begriffen innerhalb dieser Bedingungen abhängt. Doch ist die Theorie auch nicht losgelöst von den historischen Bedingungen, gerade indem er keinen einzelnen Begriff nimmt und ihn durchgängig benutzt.

Obzwar nicht immer systematisch durchgehalten, so benutzt er die Begriffe allerdings stets derart, wie sie in den systematischen oder in den historischen Kontext seiner Argumentation hineinpassen: auf ihn hindeuten. Seine Sympathie gehört eindeutig den Führungskräften, die, S. 47f *egal wie sie sich konstituieren*, zum gemeinsamen Wohl bei- S. 15f tragen und dabei nicht auf Gewalt setzen, vielmehr auf S. 95, 107 gutes Vorbild, kluge Entscheidungen und Überzeugungs- S. 111 kraft. Die Konstitution dagegen ist nicht (wie sowohl in der erbmonarchistischen als auch in der modernen demo- Kap. 14 kratischen Theorie) entscheidend, sondern die Form oder die Methode der Führung, und zwar hier der Verzicht auf S. 81 Gewalt, der Verzicht auf Macht im Sinne einer Gewalt- herrschaft. Gewaltverzicht wird bereits angezeigt, indem S. 17 die *Definition* des Tyrannen Gewaltherrschaft ist.

WIDERSTANDSRECHT

Obwohl die politische Theorie von Thomas erstaunlich soziologisch ist, besteht kein Zweifel, dass Thomas den Widerstand gegen Tyrannei, wenn sie das erträgliche Maß überschreitet, auch moralisch gutheißt, sodass es ein Recht auf Widerstand gibt. Wer entscheidet über das Maß, das erträglich ist? Auch bei dieser Frage fehlt eine genaue Anweisung. Wenn wir das nicht als Schlampigkeit oder Hilflosigkeit interpretieren wollen, so bleibt wiederum nur der Weg, Thomas in die Rolle des soziologischen Beobachters zu versetzen: Die Menschen *entscheiden*, ob sie sich unterwerfen, ob sie die Tyrannei aushalten, ob sie fürchten, dass bei einem Scheitern des Umsturzversuchs der Tyrann noch schlimmer wüten wird, ob sie die Gefahr, dass ein Umsturz zu einer schlimmeren Tyrannei führt, für real halten und darum lieber stillhalten. Und solche Gefahren – Verschlimmerung der Tyrannei bei Scheitern des Umsturzes ebenso wie bei Gelingen des Umsturzes – erkennt Thomas erstaunlich hellsichtig; wir haben heute weitaus mehr empirische Belege hierfür, als sie Thomas zur Verfügung standen.

Über das Widerstandsrecht hinaus gibt es nach Thomas jedoch auch eine Widerstandspflicht, die dann eintritt, wenn die Tyrannei sich gegen Gott richtet, oder, objektiv formuliert: wenn die Tyrannei sich gegen den zentralen moralischen Wert richtet, der eine Gruppe (Organisation, Firma, Vereinigung) zusammenhält, in der die Tyrannei ausbricht wie eine Krankheit oder über die sie hereinfällt wie eine Naturkatastrophe.

Das Pathos des Widerstands von Thomas hat eine große historische Wirkung entfaltet bis in die Neuzeit hinein. Man kann sogar von einem thomistischen Anarchismus sprechen. Jedoch hat es auch die umgekehrten Versuche

S. 39
S. 45
S. 87
S. 83
S. 43ff
A35
A40
A69

gegeben, nämlich mit Thomas das Recht auf Widerstand durch das Volk zu negieren, ihn zu einem Vorläufer von Thomas Hobbes zu erklären. Zu dieser Sorte von Interpreten zählt auch der deutsche Erstübersetzer des vorliegenden Textes, Friedrich Schreyvogl.

Als eine Art »Test« für meine Interpretation sehe ich den vermutlich parallel zwischen 1265 und 1273 zu diesem Text *Vom Prinzip der Führung* entstandenen Kommentar jener berüchtigten Stelle im *Römerbrief* an, in der Paulus den unbedingten Gehorsam für jedwede übergeordnete Instanz einfordert und zwar unabhängig davon, ob sie als gut oder schlecht im moralischen Sinne angesehen wird. Der Kommentar zeigt auf, dass Thomas sich schwer tut mit dieser Stelle. Natürlich konnte er dem Apostel nicht offen entgegentreten. So entschließt er sich denn zu einer rhetorischen Meisterleistung, in der er durch scheinbares Einverständnis den ursprünglichen Inhalt ganz umkehrt. Für Thomas besteht keine Verpflichtung, einer bösen, ungerechten, unchristlichen übergeordneten Instanz Gehorsam zu leisten. Und selbst wenn der Christ ungerechte Verfolgung klaglos erduldet, so bleibt es doch Widerstand gegen die Staatsgewalt, wenn er ihrem Diktat zuwider an seinem Glauben festhält.

AN WEN DIE SCHRIFT GERICHTET WAR

Der Text wird zwischen 1265 und 1273 datiert. Für die Interpretation der Widmung an den König von Zypern wäre eine genauere Kenntnis durchaus hilfreich. Hugo II. von Zypern lebte 1252-1267 und war als Kleinkind zum König erhoben worden; die Regentschaft führte seine Mutter Plaisance von Antiochia (*1235), die 1261 starb; sein Vetter, ebenfalls mit dem Namen Hugo, trat an die Stelle der Verstorbenen. Nach dem Tod von Hugo II. über-

158

nahm sein Vetter als Hugo III. das Königsamt. Es gibt nichts in der Regierung von Hugo III., was es wahrscheinlich macht, dass Thomas ihm einen solchen Text widmet; eher könnte er als Läuterung für den jungen König gedacht gewesen sein. Die Datierung auf Anfang der 1270er Jahre hat allerdings den starken inhaltlichen Grund für sich, dass Thomas aus der *Politik* des Aristoteles zitiert, die er erst in dieser Zeit kennenlernte.

S. 17, 83

Die Widmung klingt in meinen Ohren so, als ob irgendwer Thomas aufgefordert habe, jenem im Vorspann angesprochenen, aber namentlich nicht genannten König ein Geschenk zu bereiten. Vielleicht blieb die Schrift dann unvollendet, als Thomas zu hören bekam, dass der, für den er die Schrift bestimmt hatte, verstorben sei.

Die Jugendlichkeit des Königs stellt die von Thomas dargelegte Theorie auf eine harte Probe. Weder hätte, selbst bei einer Wahl, jemand sich »vorsehen« können, keinen Tyrannen zu wählen, noch wäre man abgesichert dagegen gewesen, dass er im Laufe seines Lebens sich negativ entwickelt hätte.

S. 43
S. 73
S. 83
S. 115

Für mich wäre auch an eine zeitlich unterbrochene Entstehung zu denken. Inhaltlich wie stilistisch gibt es einen Bruch zwischen den vor Einfallsreichtum, Witz und sozialwissenschaftlichem Realismus sprühenden Kapiteln eins bis elf und den sterilen, schematischen und fern der gesellschaftlichen Wirklichkeit spielenden folgenden Kapiteln, in denen aus schlechter Analogie zu Gottes Schöpfung der Aufgabenkatalog eines *rex* dargelegt wird. Die Gefahr eines Umschlags in Tyrannei findet keine Erwähnung mehr und, mehr noch, es bleibt völlig im Dunkeln, welche Führungsmethoden das Sollen zu erreichen vermögen. Kapitel 11 endet mit einem abschließenden Satz, während 12 fortfährt, das gleiche Thema zu behandeln.

S. 99

S. 91

ZUR ÜBERTRAGUNG

Die obersten (durchaus in Konflikt miteinander liegenden) Grundsätze der Übertragung sind Werktreue und
Verständlichkeit. Der nächste Grundsatz, jedes – sinn-
tragende – Wort in der Ausgangs- mit dem gleichen Wort
in der Zielsprache zu übertragen, ist schwer umzusetzen
im sowohl lexikalisch als auch grammatikalisch stark ver-
armten Mittellatein, das für einen Geist des Ausmaßes
wie Thomas von Aquin ein arges Korsett bildete.
Darüber hinaus war mein Ziel, den deutschen Text nicht
länger als das lateinische Original werden zu lassen. Eine
Herausforderung, die zu Genauigkeit, Formulierungs-
kunst und auch Priorisierung veranlasst.
Jede Übertragung ist eine Interpretation, und das um so
mehr, je älter der zu übertragende Text und je fremder die
Kultur ist, in der er beheimatet war. Mir ist es aus inhaltlichen Gründen wichtig, Vokabeln wie *princeps*, *rex* oder
und *provincia* nicht vorschnell mit den uns vertrauten
Begriffen institutioneller Hierarchie, gar Staatlichkeit zu
identifizieren. Das Wort »Land« versteht man heute im
Kontext politischer Schriften als »Staat«. Im Kontext des
römischen Reiches handelte es sich zwar um einen ver-
waltungstechnischen Teil, aber im Mittelalter einfach um
ein geografisches und kein politisches Gebiet. Da Thomas
den Begriff immer in Opposition zu »Stadt« gebraucht, ist
an ein ländliches im Gegensatz zu einem städtischen Gemeinwesen zu denken. Auch beim Thema der Gründung
einer Stadt oder eines Landes geht es bei *Land* weder um
ein Volk, noch um ein imperiales, expansives Reich, sondern um eine überschaubare *community* oder auch um die
Urbarmachung zuvor ungenutzten Bodens. Mehr noch
als an eine Staatsgründung oder gar an eine Eroberung
eines fremden Volks denke ich bei seiner Beschreibung an

S. 17f
S. 97f

eine Gruppe von Mönchen, die von ihrem kompetenten, fürsorglichen und seelsorgerischen Abt angeführt neues Land erschließt.

Die Idee, an den Stellen, wo Thomas eine nicht historische oder nicht eine (ausschließlich) politische Instanz meint, *Chef* statt König oder Fürst einzusetzen, stammt aus der Ü03 französischen Edition 1857.

SOZIOPSYCHOLOGIE

Betont seien jene Stellen, in denen Thomas die These entwickelt, die Machtausübung selber sei es, die gute Führung in Despotie – Tyrannei – umschlagen lässt. Hierzu zählen Überlegungen zum Suchtcharakter irdischen Lohns – S. 29, 87 Reichtum, Macht, Grausamkeit, Ruhm – sowie der Satz, S. 53ff der alle Beteuerung Lügen straft, durch kluge Wahl des S. 43 Königs, Begrenzung seiner Macht, geschickte Einrichtung der Verwaltung könne man den Umschlag verhindern, dass nämlich jemand, der vor Amtsübernahme tugendsam S. 73, 115 zu sein schien, jäh zum Tyrannen werde. Ebenso kann Altersstarrsinn diese Charakteränderung herbeiführen. S. 115 Oder der, der den Tyrannen bezwingt, wird im Nachgang S. 45 selber zum Tyrannen. Trifft der Tyrann nicht auf Wider- S. 87 stand, wird er um so unverfrorener.

Thomas zeigt sich hier als jemand, der weit über seine Zeit hinaus in die politische Theorie und Praxis der unmittelbaren Gegenwart gedacht werden kann. Demokratisch gewählte Führer, scheinbar hochherzige Revolutionäre, Volksaufstände gegen Ausbeutung, Diktatur, Krieg, Misswirtschaft, Verfolgungen aller Art schlagen in erneute, teils sogar schlimmere Formen der Despotie, Diktatur, Tyrannei, der Repression und Unterdrückung, der Ausbeutung um, verbreiten Hunger, Elend, Genozid. Es bedarf des *Widerstands*, um sie zu stoppen.

TEXTGRUNDLAGE

Die Edition von Thomastexten befindet sich nach wie vor in einem beklagenswerten Zustand, unverständlich angesichts der Tatsache, dass er der katholischen Kirche als Kirchenlehrer gilt, verständlich angesichts der Tatsache, dass Thomas immer noch eine Provokation sowohl für die Amtskirche als auch den Staat darstellt.

Da ich keine textkritische Ausgabe anstrebe, habe ich mich entschieden, das lesefreundliche, aber unhistorische »j« für das konsonantische »i« zu verwenden aus den *Opuscules de Saint Thomas d'Aquin*, Band 3, Paris (Librairie de Louis Vivès) 1857, S. 205-256, eine Ausgabe, die auch eine bemerkenswerte französische Übertragung enthält. Den lateinischen Text habe ich allerdings abgeglichen mit der Edition von Roberto Busa (Stuttgart 1980).

Hinweis: Die Schrift von Thomas ist unvollendet. Es gibt noch einen zweiten Teil mit vier Kapiteln, den ich hier nicht wiedergegeben und nicht übersetzt habe; er befasst sich mit den Grundsätzen für die Gründung einer Stadt durch den König.

Meines Wissens gibt es eine einzige deutsche Übertragung durch Friedrich Schreyvogl (1971; Stuttgart 1981).

Der Kommentar von Thomas zum *Römerbrief* ist interessanterweise wenig rezipiert worden, soweit ich es sehe. Als Textgrundlage benutzte ich S. Thomas de Aquino, *Expositio in Epistolam Pauli ad Romanos*, 1492; ebenfalls abgeglichen mit der Busa-Edition und an die Orthographie von *De regimine principum* angepasst, bis auf Abkürzung und Nummerierung der Bücher der Bibel, die zwischendurch von römischen zu arabischen Zahlen wechselt und wieder zurück. Auch von dieser Schrift liegt bloß eine einzige deutsche Übertragung vor, nämlich diejenige durch Helmut Fahsel, Freiburg/Br. 1927.

ANMERKUNGEN ZUM TEXT

A 01: Zum Adressaten vgl. das Nachwort (→ S. 158f).→ S. 9

A 02: Mindestens ebensoviele negative Beispiele werden herangezogen. Die Beispiele illustrieren, sind aber nicht theoriebildend (außer Gott in den Kapiteln 12 bis 15).→ S. 9

A 03: Mal Herz, mal Kopf? Jedenfalls haben wir hier *zwei* Führungskräfte. Nach → S. 23 könnte Thomas meinen, das Herz lenke den Körper, der Kopf (die Vernunft) die Seele. Aber Thomas zufolge sind Seele und Körper untrennbar, da die Seele die *Form* des Körpers ist (→ S. 97).→ S. 15

A 04: Ausgehend von der Definition des »Freien« als dem, der sich selber bestimme (Ursache seiner selbst sei: das ist nicht erst Kants Definition!), verstehe ich den gesamten Text: Die Menge ist eine sich *freiwillig* konstituierende Gruppe; deren Leitung ist keine aufgezwungene Herrschaft. *Das Ziel der Gruppe muss mit dem jedes Einzelnen übereinstimmen* (→ S. 107). Kloster? Verein? Firma?→ S. 15

A 05: Die Unterscheidung von *reich* und *arm* kommt etwas plötzlich und unsystematisch.→ S. 17

A 06: Die Könige werden Väter genannt, weil ein falscher Vergleich zur (freiwilligen) Hausgemeinschaft gezogen wird, nicht umgekehrt. (Im ersten Buch der *Politik* behauptet Aristoteles, der »Staat« sei ursprünglicher als das Haus [vgl. 1253a19]; und Thomas folgt ihm hier wie in den Kapiteln 12 bis 15 darin, was er sonst nicht tut.)→ S. 19

A 07: Möglicherweise ist es effektiver, die Hände mit dem schon warmen Ofen zu wärmen, als ihn erst beheizen zu müssen oder als sie aneinander zu reiben; das hat wenig damit zu tun, ob es besser ist, dass Einer regiert als Viele.→ S. 21

S. 23 **A 08:** Aristoteles hielt die Bienenkönigin für einen König.

S. 31 **A 09:** Die Ergänzung durch Thomas verwässert die anti-herrschaftliche Radikalität dieses weisen Rats.

S. 31 **A 10:** »Weicht man vom Recht ab«, so schlicht formuliert Thomas, dass ein Staat Recht nicht setzen dürfe, denn ansonsten könnte ein Herrscher niemals vom Recht abweichen: Wenn das Recht auch der Maßstab für Staatshandeln ist, muss der Maßstab außerhalb des Zugriffs eben des Staats bzw. seiner Vertreter liegen.

S. 31 **A 11:** Reine Beschreibung, doch sympathisiert er zweifellos mit den Umsturzplänen (vgl. S. 81, A 38).

S. 31 **A 12:** Die sozio-psychologische Präzision und Aktualität dieses ganzen Abschnitts ist außergewöhnlich.

S. 35 **A 13:** Dieser Abschnitt und im weiteren Verlauf das ganze Kapitel konterkariert die logische Herleitung der Herrschaft durch einen König als der besten Regierungsform. Die Erfahrung steht dem aufgestellten Prinzip entgegen: Viele sind vom Prinzip nicht überzeugt und die Empirie gibt ihnen Recht, denn in Wirklichkeit sind die Allein- eben Gewaltherrscher: Tyrannen.

S. 35 **A 14:** Jenseits der sterilen Logik, nach welcher die weise Herrschaft *eines* Menschen am besten zu sein habe, zeigt sich im dialektischen Umkehrschluss, dass die ihm unterworfenen Menschen sich um das gemeinsame Wohl nicht mehr kümmern werden. Und das bereitet die Verkehrung von Königtum in Tyrannei vor.

S. 37 **A 15:** Das römische Reich, welches Thomas beliebt, eine »Republik« zu nennen, scheint für Thomas eine Art Zweck in sich selber zu sein, sein Fortbestand und seine Ausweitung ein positives, sein Untergang ein negatives Moment, ganz anders als Augustin es gesehen hatte. Dass die römische Fremdherrschaft für die eroberten Völker eine Tyrannei war, diskutiert er nicht. Obgleich es nahe-

liegend gewesen wäre, denn einige Zeilen weiter unten
führt er das Beispiel der Juden an, die in die Gefangenschaft genau dieses Reiches gerieten. – Beim Untergang
Westroms mischten, wohlgemerkt, christliche Kaiser in
vorderster Front mit.

A 16: Das kleinere Übel? Kap. 3 ist der These gewidmet, S. 39
die in Tyrannei kippende Monarchie sei das größte aller
politischen Übel! Nun führt Thomas die Optimaten, Vertreter des konservativen römischen Adels, als Negativ-
beispiel an, zu denen der von Thomas geschätzte Cicero
zählte; sie stemmten sich der Verkehrung ins Cæsaren-
tum entgegen. S. 17 werden sie *positiv* erwähnt.

A 17: Das *meist* an dieser Stelle widerstreitet dem *meist* in S. 39
dem voraufgegangenen Kapitel. Waren dort die Alleinherrscher besonders prädestiniert, das gemeinsame Wohl
zu gefährden, sind sie hier diesem *meist* verpflichtet.

A 18: Die Umkehrung des *meist* aus dem letzten Absatz S. 41
in ein *seltener* macht das Argument nicht überzeugender,
solange der Widerspruch zum voraufgegangenen Kapitel
ungeklärt bleibt. Denn obwohl das *meist* bzw. das *seltener*
eine historisch-empirische Aussage suggeriert, handelt
es sich um eine abstrakte Aussage, allerdings ohne logisch
zwingenden Grund: Die Behauptung, aus der Tatsache
eines Führungsgremiums folge dessen Anfälligkeit für
inneren Streit, ist wiederum empirisch, nicht logisch. Das
Führungsgremium könnte sich gegenseitig kontrollieren,
während ein Alleinherrscher unkontrolliert bleibt.

A 19: Dies Argument ist der eingehenden Prüfung wert. S. 41
Es besagt, dass im Falle des Streits im Führungsgremium
Einer sich die Vorherrschaft anmaßt; somit besteht die
Gremienhaftigkeit der Führungsstruktur als das legitime
Ziel, denn Anmaßung macht nur Sinn im Kontrast zum
Legalen (oder Legitimen).

◧ S. 41 **A 20:** Während im voraufgegangenen Kapitel die Königsherrschaft *schnell* in Tyrannei umschlug, hat nun in Rom *lange* ein Gremium die Führung inne (laut Thomas). Das Beispiel besagt durch seinen Wortlaut genau das Gegenteil dessen, was Thomas explizit belegen will.

◧ S. 43 **A 21:** Ebenso der wichtigste wie der dunkelste Satz in der ganzen Abhandlung: Die Gruppe (die Gesellschaft? das Volk? die Masse?) soll?, muss? und vor allem: kann! der Tyrannei vorbeugen. Aber wie? Die nächstfolgenden Ausführungen geben eine unbefriedigende Auskunft.

◧ S. 43 **A 22:** Halten wir fest, dass der König *berufen* wird (durch wen auch immer: durch das Volk, durch ein Gremium wie die Kurfürsten oder die Kardinäle) und eben *kein* Erbmonarch ist. Dies ist besonders heikel, falls der Adressat der Abhandlung der minderjährige König von Zypern ist, der zum Amt nicht berufen und von niemandem gewählt wurde. Zudem wurde er inthronisiert in einem Alter, als über seine »Beschaffenheit« nicht das geringste bekannt sein konnte. Der Hinweis auf Gott als dem, dem es oblag, einen König für die Juden zu erwählen, ist für den Alltag der Politik wenig hilfreich. (Auch Gott hat sich geirrt, z. B. in Saul.) Später – ◧ S. 73, S. 83, S. 115 – weist Thomas darauf hin, dass Menschen ihren Charakter im Laufe des Lebens ändern können. Was dann? Revolution!

◧ S. 43 **A 23:** Auch diese knappe Regel wirft mehr Fragen auf, als sie beantwortet: Wer gestaltet die Verwaltung? Der König selber? Und wenn er Tyrann werden will, dann wird er sie doch wohl entsprechend gestalten? Also muss es noch eine weitere Quelle der Macht geben, Person? Gruppe?, die eine dem König übergeordnete Position einnimmt, so dass es *mehr* als Eine Person ist, die regiert. Und wer verhindert *deren* Degeneration in eine Tyrannei? (Wenn der Kaiser z. B. ein Nero ist.)

A 24: Gleiche Frage: Zum Zügeln der Macht des Königs S. 43 bedarf es einer ihm *übergeordneten* Position.

A 25: Die beiden folgenden Abschnitte sind wiederum S. 43f von erstaunlicher historischer, ja geradezu prophetischer Präzision: Die Beseitigung eines Tyrannen, ohne die Struktur der Tyrannei zu zerstören, endet in einer noch schlimmeren Tyrannei.

A 26: Richtig, Ajoth bzw. Ehud war Fremdherrscher über S. 47 die Juden (ihnen gesandt von Gott aus Zorn über deren Ungehorsam). Es ist unklar, warum ein Fremdherrscher getötet werden darf, ein Tyrann aus den eigenen Reihen jedoch nicht; demnach hätten z. B. Gallier die moralische Berechtigung, Cæsar zu töten, nicht dagegen römische Senatoren. – Bei der Thebäischen Legion (3. Jh.) handelte es sich eindeutig um Befehlsverweigerung.

A 27: Halten wir fest: Bloß jene Tötung eines Tyrannen S. 47 erklärt Thomas *an dieser Stelle* zu Unrecht, die als Attentat oder als Racheakt eines Einzelnen abläuft. Der Grund ist nicht, dass Schonung des Tyrannen geboten sei, sondern dass es droht, der Tyrann werde nur durch einen anderen Tyrannen ersetzt. Eine kluge Beobachtung. Stattdessen …

A 28: … käme es auf einen »gemeinsamen Beschluss« an. S. 47 Wie auch im Fall des »Rats«, sich bei dem »vorzusehen«, den man zum König wähle, ist auch hier nicht klar, wie der gemeinsame Beschluss zustande komme, vor allem, wenn der Tyrann die Kommunikation unterbindet, oder, wie Thomas gesagt hatte, Freundschafts- und Familienbande zu hintertreiben trachtet (S. 31f; auch S. 77f).

A 29: Diese Stelle knüpft an die wichtigen und dunklen S. 47 Sätze auf S. 43 (A 21 bis A 23) an. Das Recht, sich einen König zu bestimmten, heißt das: wählen? Und dieses Recht eignet der *multitudo*, der Menge?, der Masse? Jedenfalls ist nicht von »Volk«, »Land«, »Staat« und auch nicht

von denen die Rede, die »berufen« oder »befugt« sind, den König zu bestimmten, wie noch weiter oben (⊟ A 22), und die wir uns als den Adel vorstellen konnten.

⊟ S. 47 **A 30:** Nicht das aufständische Volk bricht Vertrag und Treue, sondern der Tyrann: Dieses Argument benutzte 500 Jahre später Jean-Jacques Rousseau. Es steht bereits bei Thomas! Vgl. auch ⊟ S. 81 sowie ⊟ S. 145.

⊟ S. 47 **A 31:** Dieses Beispiel von Tarquinius ist darum ziemlich schief, weil Tarquinius nicht durch die Römer bestimmt, gewählt worden ist. Thomas weiß das und windet sich mit dem Wort »hin-« bzw. »angenommen« heraus.

⊟ S. 49 **A 32:** Dass Thomas hier diese zwei Verfassungen nebeneinander stellt, zeigt, dass er historisch argumentiert und es ihm gar nicht darum geht, eine ideale Verfassung zu skizzieren, sondern die seiner Meinung nach legitim möglichen Reaktionsformen auf Tyrannei zu ergründen. In diesem Beispiel setzt er stillschweigend voraus, dass die übergeordnete Instanz, welche den König bestimmt, nicht ihrerseits auch tyrannisch sei. Im Fall der römischen Kaiser wusste er es besser, denn auf den tyrannischen Charakter vieler römischer Kaiser hat er hingewiesen. Insofern ist auch diese Beschwichtigung eher hilflos naiv.

⊟ S. 63 **A 33:** Der aristotelische Hedonismus, welchen Thomas in diesem und in dem folgenden Abschnitt zugrundelegt, ist immer in Spannung und als Korrektur der Angriffe auf irdische Glücksgüter, Verlangen, Sinnlichkeit und »Sucht« im voraufgehenden Kapitel 7 zu lesen.

⊟ S. 69 **A 34:** Obacht! Nun wechselt Thomas von dem historischen Begriff des Königs (*rex*) zu dem allgemeinen Begriff des Leiters (*rector*) und der Gefolgschaft (*multitudo*), die offenbar weder Bürgerschaft noch (Staats-) Volk ist; schließlich muss ja dieser Begriff vom Feldherrn über den König bis hin zum Architekten jeden Fall abdecken. – Für Ökonomen

168

sehr interessant auch, dass Thomas das höhere Gehalt des Architekten mit dem Ansehen, also einem subjektiven Faktor begründet, nicht mit einer angeblich objektiv zu ermittelnden Leistung.

A 35: Obacht! Die ganze Aufzählung zeigt, dass es sich um eine konditionale Aussage handelt: Der König ist für Lohn vorgesehen dann und nur dann, wenn er sich auf die genannte Weise verhält. Die Rettung von Verfolgten aus den Klauen eines bösen Machthabers zählt zu den guten Taten, womit nicht bloß das Recht auf, vielmehr auch eine Pflicht zum Widerstand statuiert wird. S. 71

A 36: Obacht! Mit dem »… *qui*« (jemand, der) lässt Thomas offen, um welche Art Führungskraft es sich hier handelt, formal oder informell, gewählt oder eingesetzt. S. 71

A 37: Dieser Vergleich römischer Kaiser mit heidnischen Göttern zeigt zwar wiederum, dass eine überhistorische Theorie das Ziel darstellt, hält aber einer genaueren Untersuchung nicht stand. Denn vermutlich kein einziger der römischen Kaiser erfüllte die von Thomas genannten Bedingungen, weder Friedenssicherung noch Gerechtigkeit, vermutlich nichtmal Konstantin. S. 71

A 38: Obwohl es sich um eine Formulierung handelt, die als objektive soziologische Beobachtung gekleidet ist, so besteht kein Zweifel, dass auch der Autor dem Aufstand Erfolg wünscht. Vgl. auch S. 31 (A 11). S. 81

A 39: Wenn-dann: *Wenn* die Bestrafung eines Verbrechers Recht ist, *dann* ist die Bestrafung eines Tyrannen Pflicht. S. 87

A 40: Erneut ein Argument für eine Pflicht zum Widerstand, da der Tyrann um so tyrannischer wird, auf um so weniger Widerstand er trifft. S. 87

A 41: Dass der Tyrann nun einen Nachfolger hat, steht in Spannung zu der Behauptung aus dem voraufgegangenen Kapitel, seine Herrschaft sei stets von kurzer Dauer. S. 91

◧ S. 91 **A 42:** Dies ist ein abschließender Satz, an den das nächste Kapitel 12 mit »fortfahrend« knüpft, als sei er es nicht. Der *inhaltliche* und *stilistische* Bruch zwischen den Kapiteln 1 bis 11 und 12 bis 15 könnte auf eine *zeitliche* Zäsur bei der Abfassung hindeuten. Der erste Teil ist vernünftig und historisch, der zweite Teil deduziert aus der Schöpfungsgeschichte Anweisungen, die bar jeglichen Realismus sind.

◧ S. 95 **A 43:** Wichtig bezogen auf gegenwärtige Theorien von Staat und Souveränität: Im Bereich weltlicher Macht liegt es *nicht*, Gesetze zu erlassen; siehe auch S. 109, ◧ A 46.

◧ S. 101 **A 44:** Die im Gegensatz zur Auseinandersetzung mit der Tyrannei blutleeren und realitätsfernen Überlegungen für die Gründung einer Stadt oder eines Landes enthalten jedoch eine bezeichnende Subbotschaft: Es ist hier nicht von Eroberung, nicht von Krieg und Unterwerfung die Rede. Aber während es an früherer Stelle hieß (◧ S. 43, A 21), die Gruppe solle sich bei Berufung der Führungskraft vorsehen, ist nun Berufung gar kein Thema. Wie gelangt die Person, die gründen will, an die Bevölkerung für ihre Stadt oder ihr Land? Wie gesagt, von gewaltsamer Unterwerfung ist nicht die Rede. Es bleibt die *freiwillige* Gefolgschaft. Abt? Guru? Pionier? CEO?

◧ S. 107 **A 45:** Der König ist entthront, jeder Mensch wird zum Souverän: Jede Macht ist illegal. Vor allem zusammen gelesen mit der folgenden Seite (◧ A 46).

◧ S. 109 **A 46:** Siehe Seite 95, A 43. Aber siehe auch ◧ A 47!

◧ S. 111 **A 47:** Die Unterwerfung des weltlichen Oberhaupts unter die geistliche Führung ist eine Beschneidung weltlicher Machtansprüche, die gegen diese durchgesetzt werden muss und widrigenfalls auch den Widerstand durch die Gläubigen rechtfertigt, doch noch keine Beschneidung der Macht schlechthin: Dies zeigt die Instrumentalisierung weltlicher Macht für religiösen Terror in der Inquisition

ebenso wie in der islamischen Republik Iran. Iran und Islamismus als aktuelle Beispiele gegen Thomas ins Feld zu führen, ist ein legitimes Argument, da Thomas eine überzeitliche und überkulturelle Theorie entwickeln will; er selbst führt als Beispiele die Hoheit der Priester in Rom und diejenige der Druiden in Gallien an (S. 109). Im Kapitel 3 (S. 27ff) arbeitet Thomas die Gefahr heraus, dass weltliche Machthaber zu Tyrannen werden. Für die Gefahren religiösen Wahns fehlte ihm das Gespür.

A 48: Bemerkenswert ist, dass Thomas die ausreichende Versorgung mit materiellen Gütern als die Voraussetzung für tugendsames Handeln betrachtet. Darüber hinaus ist anzumerken, dass körperliche nicht nur materielle Güter – Nahrung und Unterkunft – meinen, vielmehr auch etwa Sexualität, wie die m. W. noch nie ins Deutsche übersetzte Sexualethik in der *Summa theologica* (Suppl., Quæstio 41 bis 68) belegt. – Vgl. Stefan Blankertz, *Thomas von Aquin: Die Nahrung der Seele*, Berlin 2015, S. 11, S. 220ff.

A 49: »Friede« kann hier tatsächlich nicht anders gelesen werden als die rechte Balance zwischen der Forderung nach tugendsamem Handeln und der ausreichenden Versorgung mit materiellen und anderen Gütern des körperlichen Wohlergehens. Eine Einsicht, die man nicht klar genug herausstellen kann und die nichts an Aktualität eingebüßt hat. (Eine andere Definition S. 21.)

A 50: Diese Stelle ist eine der wenigen Male, wo Thomas das Oberhaupt ermächtigt, auch Gesetze zu erlassen (und nicht nur die Gerechtigkeit zu vollziehen). Es handelt sich allerdings nach allem zuvor Ausgeführten eher um Regeln als um Gesetze (denn diese gibt Gott den Menschen). (Ein weiteres Mal S. 71.)

A 51: Das drittens des vorherigen Absatzes bezieht sich auf S. 115, dieses auf S. 113.

S. 117 **A 52:** Von den hier angedeuteten Einzeluntersuchungen hat Thomas bloß noch diejenige zu einer Stadtgründung begonnen, die ich deshalb nicht übertrage, weil sie keine über rein historische Interessen hinausgehenden Aspekte birgt.

S. 125 **A 53:** Dies »zweitens« verweist auf die von mir nicht übertragenen Verse 8 bis 10 von Kap. 13 des *Römerbriefs*.

S. 129 **A 54:** Die provozierende These, dass das Böse im *Defekt* gründe, keine Intention und damit kein Wesen habe, also *Nichts* sei, wird hier nur angedeutet; sie hat er entfaltet in der *Summe gegen die Heiden*. – Vgl. Stefan Blankertz, *Die Nahrung der Seele: Thomas von Aquin*, Berlin 2015, S. 127 ff.

S. 131 **A 55:** Die unscheinbare Kautel »im Rahmen ihrer Geltung« ist sehr wichtig, denn es handelt sich um einen Vorbehalt, den Thomas dem Text von Paulus hinzufügt, um nicht zu sagen: unterschiebt. Die Kautel eröffnet die Möglichkeit, dass ein Machthaber seine Kompetenz überschreitet, was er nach Thomas ja immer dann tut, wenn er gegen das gemeinsame Wohl verstößt (S. 29 u. ö.).

S. 131 **A 56:** Sofern es hier um eine psychologische Beobachtung gehen soll, ist sie wenig überzeugend: Wer die Tugend nicht liebt, wird sich auch aus einer Verdammung nichts machen. Deswegen setzt Thomas einige Zeilen später die Verdammung mit einer (weltlichen) Strafe gleich.

S. 133 **A 57:** Ein ähnliches Zitat verwandte Thomas in *Vom Prinzip der Führung* als Warnung vor Tyrannen (B 18).

S. 133 **A 58:** Erneut ein Vorbehalt, der nicht im Text von Paulus enthalten ist, und den Thomas weiter oben auch zurückgewiesen hat mit Hinblick auf den berüchtigten Satz im ersten *Petrusbrief*, »unterwerfet euch nicht nur Guten und Mäßigen, sondern auch Miesen« (S. 125 und B 22).

S. 135 **A 59:** Dieses Zitat aus dem Zusammenhang eines Königs, der *salomonische* Urteile fällt (ein Ideal aus Israels vorstaat-

licher Zeit), ist ein rhetorischer Trick, um abermals den Text von Paulus zu konterkarieren. Denn Thomas war sich zweifellos klar darüber, was Tyrannen an Grausamkeit zu tun in der Lage sind, mit der sie die Guten in Angst und Schrecken versetzen (⮌ S. 33, B 17; vgl. auch S. 31, B 11). Aber *diese* Furcht ist eine hinfällige Grundlage (⮌ S. 81).

A 60: Eine sophistische Meisterleistung: Fast unmerklich ⮌ S. 137 wechselt Thomas nun die Instanz des Lobs. Paulus spricht vom unmittelbaren Lob durch den Machthaber, der als Diener Gottes nicht anders kann, als Gutes zu tun. Thomas dagegen verweist auf die Tatsache böser Machthaber; wenn man die durch sie erfahrene ungerechte Verfolgung erleidet – Thomas denkt da zweifellos an die Märtyrer –, wird man gelobt, aber nicht durch den bösen Machthaber, sondern von Gott! Die Märtyrer unterwerfen sich nicht, nein, sie leisten Widerstand durch Erleiden.

A 61: Der Teil des Verses, den Thomas hier nicht zitiert, je- ⮌ S. 137 doch mit dem »etc.« eindeutig mit meint, ist interessanter als das offensichtliche Zitat: »Denn ihr seid Diener seines Reiches. Aber ihr habt nicht recht regiert, habt das Gesetz nicht beachtet und nicht nach dem Willen Gottes ge- handelt.« Es ist klar, dass die Machtinstanz keine Gesetze macht, sondern einem außerhalb von ihr generiertem Ge- setz unterworfen ist. Vgl. auch ⮌ S. 95 und ⮌ S. 31.

A 62: Das Zitat stellt keine Verbindung zum Gesagten her. ⮌ S. 139

A 63: Nach S. 125 fallen die Verse 2 bis 5 unter *Schluss-* ⮌ S. 139 *folgerung* (1.3), nach S. 127 unter *Notwendigkeit* (1.2.2).

A 64: Die Anhäufung des Wortes *notwendig* in diesem Ab- ⮌ S. 139 schnitt klingt wie ein Stammeln und heraus kommt die Tautologie, die Unterwerfung sei notwendig, weil sie not- wendig ist. Es ist nicht das, was Thomas sagen will. Für ihn wäre das Standhalten gegen die Tyrannei entscheidendes Kriterium der Moral.

➜ S. 141 **A 65:** Dass Thomas an dieser Stelle eine *Klage* gegen die Tributpflichtigkeit zitiert, ist nicht anders zu verstehen, als dass er völlig fassungslos ist.

➜ S. 145 **A 66:** Auch hier wieder ist das Ungesagte bedeutsamer als das Gesagte: Im Umkehrschluss heißt dies, dass einem Herrscher, der das Privileg, Kleriker vom Tribut (von der Steuer) zu befreien, missachtet, nicht Folge zu leisten sei. Insofern gilt die Aufforderung von Paulus, sich jedweder Herrschaft zu unterwerfen, eben *nicht*. Selbst Paulus kann die Aufforderung nicht *ernst* meinen.

➜ S. 145 **A 67:** Der ganze Absatz ist erneut eine Kautel, die durch nichts im Text des Paulus abgedeckt wird. Sie zeigt an, dass und bei welcher Linie Widerstand gegen die Staatsgewalt angebracht wäre. Ganz besonders hervorgehoben sei, dass Thomas das Gesetz als einen Vertrag zwischen dem Oberhaupt und der Bevölkerung sieht, es ist nicht etwas, das der Führer einseitig erlassen kann. Zudem bedeutet es, dass Widerstand wie später bei Rousseau dann berechtigt ist, wenn der Machthaber den Vertrag bricht, z. B. die Straßen eben nicht in Ordnung hält und nicht für Sicherheit und Frieden sorgt; dann steht ihm keine Bezahlung zu, weil er seine Pflicht vernachlässigt hat. Und das heißt: Sobald der Führer einen Krieg anzettelt, muss das Volk ihm den Gehorsam aufkündigen. – Zum Vertrag als Alternative zur Herrschaft vgl. S. 47, ➜ **A 30**. Die Sozialstruktur ist *nicht* die Sache der Führung, sondern der Gruppe.

➜ S. 147 **A 68:** Erinnern wir uns, Furcht sei eine »hinfällige Grundlage«, hatte Thomas in *Vom Prinzip der Führung* (➜ S. 81) hergeleitet. Insofern *schuldet* keiner irgendwem Furcht, auch wenn dieser Furcht verbreitet. Vergleiche dazu auch die Aussage ➜ S. 33: »In Furcht aufwachsende Menschen werden knechtisch gesinnt und schließlich zu mutlos für standhaft große Taten.«

A 69: In diesem Abschluss mit der Gegenthese drückt sich die ganze Verzweiflung von Thomas über jene Stelle im *Römerbrief* aus. Das Verfahren negativer Dialektik, Widersprüche in der Heiligen Schrift ungelöst nebeneinander stehen zu lassen, hat er von Peter Abælard gelernt, den, der Häresie verdächtig, er freilich nicht nennen konnte. Entscheidend ist, dass die Gerechtigkeit den Maßstab bezeichnet, an dem das Tun der Führer gemessen wird. Für Thomas wäre es unmöglich, antiken asiatischen Legalismus oder modernen Rechtspositivismus auch bloß zu denken, dass nämlich der Führer oder der abstrakte Staat Gesetze *macht*. Insofern ist jede Macht illegal. Sie muss sich der Gerechtigkeit unterwerfen, während Gerechtigkeit keine Macht in dem Sinne sein kann, dass sie *qua* ihrer größeren Macht sich durchsetzt. ◁ S. 147

Die These, Thomas habe mit dem Kommentar zum *Römerbrief* oder dem Text *Vom Prinzip der Führung* die damals gegenwärtige Struktur der Herrschaft (die Hierarchie der Fürsten mit einem König oder Kaiser an der Spitze) rechtfertigen wollen, lässt sich eindeutig widerlegen. Seine Beispiele beziehen sich auf die hellenistische und die jüdische Antike, umfassen viele verschiedene Systeme von der Erbmonarchie über die Wahlmonarchie bzw. das Kaisertum per Akklamation und republikanische Verfassungen bis hin zu nicht- und vorstaatlichen gesellschaftlichen Verhältnissen im Israel der *Richter* oder Gallien der *Druiden*. Er wollte überhaupt keine bestimmten Strukturen sozialer Ordnung rechtfertigen, vielmehr beobachtet er, wie sie sich entwickeln. Dabei präferiert er die Führung einer Gruppe durch Eine Person (obwohl er auch viele für ihn wichtige Gegengründe nennt); der Führungskraft eignet jedoch kein moralischer Anspruch auf Gefolgschaft, wenn sie sich nicht im Sinne der Gruppe verhält. ◁ S. 35f

◁ S. 109

◁ S. 43

◁ S. 27ff

◁ S. 29 u. ö.

◧ S. 29 **A 70:** Eine Überlegung abseits des eigentlichen Themas zu diesem ästhetischen Problem. Zunächst scheint es, als sei Thomas hier ein logischer Fehler unterlaufen. Ein falscher Ton in einer Melodie, ein unpassendes Detail in einem Bild kann den Gesamteindruck in der ansonsten meisterhaften Komposition, in der ansonsten makellos gespielten Aufführung, in dem handwerklich geschickten Gemälde empfindlich schmälern. Aus der Vielzahl möglicher kleiner und gemessen an der für das Werk notwendigen Beherrschung der Materie untergeordneter Fehlerquellen folgt eine besondere Verletzlichkeit des ästhetischen Eindrucks und nicht dessen Robustheit. Thomas' Argument wäre jedoch zu retten, wenn wir auf die Ebene des Betrachters hinüberwechseln. Der Betrachter oder Zuhörer ist bloß darum in der Lage, das seinen ästhetischen Eindruck Störende als Fehler zu erkennen, weil er in der Lage ist, das Prinzip des Ganzen jenseits dieses Fehlers wahrzunehmen. Insofern ist das einheitsstiftende Prinzip stärker gegenüber den zahlreichen, aber nachrangigen Fehlerquellen. Übrigens kann der Betrachter auch der Künstler selber sein. Der Geiger sagt, er habe eine Stelle falsch gespielt, wenn sie nicht nur von den durch den Komponisten vorgegebenen Noten abweicht, sondern sich auch unpassend anhört; weicht sie ab, aber fügt sich doch gut ein, hat er die Stelle zwar anders, aber nicht falsch gespielt. Dass sich hieraus wohl kaum ableiten lässt, die Herrschaft eines Königs sei besser als die eines Gremiums, steht außer Zweifel.

◧ S. 63
◧ S. 69–75
◧ S. 87
◧ S. 91
A 71: Thomas benutzt die Formel »mehr Tugend = mehr Gotteslohn« im vorliegenden Text widerspruchsfrei. Doch in seinem *Hiob*-Kommentar arbeitet er heraus, der Sinn des Buches bestehe darin zu sagen, aus Schlechtem würde nicht immer Schlechtes und aus Gutem nicht immer Gutes erwachsen. Vgl. hierzu auch ◧ Q 16 (S. 65).

ANMERKUNGEN ZU BIBEL-ZITATEN

Thomas zitiert selbstverständlich nach der »*Vulgata*«, der lateinischen Bibel. Da sie gegenüber den deutschen Übersetzungen seit *Luther* zum Teil starke Abweichungen verzeichnet, musste, um den Gedankengang zu bewahren, der lateinische Text zugrunde gelegt werden. Im Folgenden finden sich zum Vergleich die Übersetzungen *Luthers* und erforderlichenfalls die der *Einheitsübersetzung*.

B 01: Psalm, 95:3, *Luther* (2017): »Denn der Herr ist ein großer Gott und ein großer König über alle Götter.« ◁ S. 9

B 02: Kohelet (Prediger), 4:9, *Luther* (2017): »So ist's ja besser zu zweien als allein; denn sie haben guten Lohn für ihre Mühe.« (Original: »So ist es je besser Zwei, denn Eins; denn sie genießen doch ihre Arbeit wohl.«) Die *Einheitsübersetzung* (2017) hat einen Sinn, der dem von Thomas weniger entspricht: »Zwei sind besser als einer allein, falls sie nur reichen Ertrag aus ihrem Besitz ziehen.« ◁ S. 13

B 03: Sprichwörter, 11:14, *Einheitsübersetzung* (2017): »Fehlt es an Führung, kommt ein Volk zu Fall; Rettung ist dort, wo viele Ratgeber sind.« Sprüche (Proverbia), 11:14, *Luther* (2017): »Wo nicht weiser Rat ist, da geht das Volk unter; wo aber viele Ratgeber sind, findet sich Hilfe.« (Im Original: »Wo nicht Rat ist, da gehet das Volk unter; wo aber viele Ratgeber sind, da gehet es wohl zu.«) Dass hier die *zahlreichen* Ratgeber gepriesen werden, unterschlägt Thomas kurzerhand, da es zu seinem Argument im Widerspruch steht. ◁ S. 15

B 04: Ezechiel, 34:2, *Einheitsübersetzung* (2017): »... Weh den Hirten Israels, die sich selbst geweidet haben! Müssen ◁ S. 17

die Hirten nicht die Schafe weiden?« – Hesekiel, 34:2, *Luther* (2017): »... Wehe den Hirten Israels, die sich selbst weiden! Sollen die Hirten nicht die Herde weiden?« (Im Original: »Wehe den Hirten Israels, die sich selbst weiden! Sollen nicht die Hirten die Herde weiden?«)

S. 17 **B 05:** Ezechiel, 37:24, *Einheitsübersetzung* (2017): »Mein Knecht David wird König über sie sein und sie werden alle einen einzigen Hirten haben.« – Hesekiel, 37:24 (*Luther*, 2017): »Mein Knecht David soll ihr König sein und der einzige Hirte für sie alle.« (Im Original: »Mein Knecht David soll ihr König und ihr aller einziger Hirte sein.«)

S. 19 **B 06:** Nur *Luther* im Original hat einen ähnlichen Sinn, Prediger, 5:8: »Über das [die Hierarchie unter Menschen] ist der König im ganzen Lande, das Feld zu bebauen.« – Hingegen *Luther* (2017): »Immer ist ein König, der dafür sorgt, dass das Feld bebaut werden kann, ein Gewinn für das Land.« *Einheitsübersetzung* (2017), Kohelet, 5:8: »Es ist auf jeden Fall ein Vorteil für das Land, wenn das bebaute Feld einem König untersteht.«

S. 21 **B 07:** Der Brief des Paulus an die Epheser, 4:3: »Seid darauf bedacht, zu wahren die Einigkeit im Geist durch das Band des Friedens.« (*Luther*, 2017.)

S. 23 **B 08:** Jeremia, 12:10: »Viele Hirten haben meinen Weinberg verwüstet und meinen Acker zertreten; sie haben meinen schönen Acker zur öden Wüste gemacht.« (*Luther*, 2017.)

S. 23 **B 09:** Jeremia, 30:21, *Luther* (2017): »Ihr Fürst soll aus ihrer Mitte kommen und ihr Herrscher aus ihnen hervorgehen. [...]« Sowie Hesekiel (= Ezechiel), 34:23: »Ich will ihnen einen einzige Hirten erwecken, der sie weiden soll.«

S. 29 **B 10:** Sprüche, 29:4, *Luther* (Original): »Ein König richtet das Land auf durch das Recht; ein Geiziger aber verderbt es.« 2017: »Ein König richtet das Land auf durchs Recht;

wer aber viel Steuern erhebt, richtet es zugrunde«. *Einheitsübersetzung* (2017): »Ein König richtet das Land auf durch Recht, wer Abgaben erpresst, zerstört es.«

B 11: Hesekiel bzw. Ezechiel, 22:27, *Luther* (2017): »Die ◁ S. 31 Oberen in seiner Mitte sind wie reißende Wölfe, Blut zu vergießen und Menschen umzubringen um ihrer Habgier willen.«

B 12: Sirach, 9:13 bzw. nach anderer Zählung 18 (*Luther*, ◁ S. 31 2017): »Halte dich fern von dem, der Gewalt hat zu töten, so brauchst du dich nicht zu fürchten, dass er dich tötet.«

B 13: Hiob, 15:21, *Luther* (2017), aus der zweiten Rede ◁ S. 31 von Elifas: »Stimmen des Schreckens hört sein Ohr, und mitten im Frieden kommt der Verderber über ihn.« (Nach Vers 20 ist der Frevler bzw. der Tyrann gemeint.) Der zweite Teil des Verses entspricht in den heutigen Übertragungen nicht mehr dem Sinn von Thomas, dass der Tyrann trotz gegebenen Friedens einen Angriff *fürchtet* oder projiziert, sondern dass ihn das Verderben (der Umsturz) gleichsam aus heiterem Himmel *tatsächlich* treffe.

B 14: Kolosser, 3:21, *Luther* (2017): »Ihr Väter, kränkt ◁ S. 33 eure Kinder nicht, auf dass sie nicht verzagen.«

B 15: Sprüche, 28:12, *Luther* (2017): »Wenn die Gerechten ◁ S. 33 Oberhand haben, so ist herrliche Zeit; wenn aber die Gottlosen hochkommen, verbergen sich die Leute.« Wieder ist die *Einheitsübersetzung* (2017) näher an Thomas: »Haben Gerechte die Oberhand, gibt es glanzvolle Zeiten, erheben sich die Frevler, verstecken sich die Menschen.«

B 16: Sprüche, 29:2, *Luther* (2017): »Wenn der Gerechten ◁ S. 33 viele sind, freut sich das Volk; wenn aber der Frevler herrscht, seufzt das Volk.« (Die Freude über die *vielen* Gerechten stellt eine Referenz zu dem *vorstaatlichen* Ideal der Richter dar und widerspricht Thomas' Argumentation für das Ideal des Einen, der regieren möge.)

⊡ S. 33 **B 17:** Sprüche, 28:28, *Luther* (2017): »Wenn die Gottlosen hochkommen, so verbergen sich die Leute; wenn sie aber umkommen, werden der Gerechten viele.« (In der *Einheitsübersetzung* steht auch hier »Frevler«.) – Die zweite Hälfte des Verses zitiert Thomas nicht, aber er meint sie durchaus mit, denn es war übliche Zitierpraxis, jeweils bloß den Anfang auszuschreiben; der Fortgang wurde als bekannt vorausgesetzt. Auch hier also wieder die klammheimliche Freude über den Umsturz.

⊡ S. 33 **B 18:** Sprüche, 28:15, *Luther* (2017): »Ein Frevler, der über ein armes Volk regiert, ist wie ein brüllender Löwe und ein gieriger Bär.«

⊡ S. 37 **B 19:** Richter, 17:6, *Einheitsübersetzung* (2017): »In jenen Tagen gab es keinen König in Israel; jeder tat, was in seinen Augen recht war.« *Luther* (2017): »Zu der Zeit war kein König in Israel, und jeder tat, was ihn recht dünkte.« ⊡ S. 35 umgekehrt: Regiert Einer, dann kümmert die Bevölkerung sich *nicht* ums gemeinsame Wohl (vgl. A 14).

⊡ S. 43 **B 20:** 1 Samuel, 13:14, *Luther* (2017): »[...] Der Herr hat sich einen Mann gesucht nach seinem Herzen, und der Herr hat ihn bestellt zum Fürsten über sein Volk. [...]« Bezeichnenderweise ist der Vers Teil einer Anklage gegen Saul, den der Herr zwar nach seinem Herzen gesucht hat, der aber gegen das Gebot des Herrn verstieß, sodass der Herr hier irrte: Selbst der Herr kann einen Fehlgriff bei der Wahl des Königs begehen. Um wieviel mehr werden Menschen den Falschen berufen? Kein gutes Omen für diejenigen Auslegungen, Thomas habe ernstlich für eine Alleinherrschaft votiert.

⊡ S. 45 **B 21:** Ajoth, heutige Umschrift: Ehud.

⊡ S. 45 **B 22:** 1 Petrus, 2:18f, *Luther* (2017): »[18]Ihr Sklaven, ordnet euch [...] den Herren unter, nicht allein den gütigen und freundlichen, sondern auch den wunderlichen. [19]Denn das

ist Gnade, wenn jemand um des Gewissens willen vor Gott Übel erträgt und Unrecht leidet.« (In der *Einheitsübersetzung*, 2017: »... auch den launenhaften ...«) Thomas dagegen: Der Tyrann hat den Tod verdient (⊞ S. 87, A 39).

B 23: Sprüche, 20:26, *Luther* (2017): »Ein weiser König ⊞ S. 47 sondert die Frevler aus und lässt das Rad über sie gehen.«

B 24: Sprüche, 21:1, *Luther* (2017): »Des Königs Herz ist ⊞ S. 49 in der Hand des Herrn wie Wasserbäche; er lenkt es, wohin er will.« (Sauls Herz jedoch in die *falsche* Richtung).

B 25: Es kommt hier nur Sanherib in Frage (2 Könige, 19; ⊞ S. 49 ebenso 2 Chronik, 32; Jesaja, 37). Allerdings ist der Hinweis alles andere als überzeugend. Denn erstens hat Gott die Juden in vielen Fällen nicht aus den Händen dieses oder eines andren Tyrannen befreit. Und zweitens rührte Gott in diesem Fall keineswegs Sanheribs Herz, der das abtrünnige – d. h. *Widerstand* leistende! – Jerusalem belagerte, sondern richtete unter den Kriegern ein Blutbad an. Sanherib zog ab. Als Verlierer erschlugen ihn seine Söhne. Der Nachfolger setzte die Strafaktion gegen die Juden nicht fort. Zu dessen Motiv findet sich in der Erzählung der Tora keine Überlieferung.

B 26: Daniel, 4:34, *Luther* (2017): »Darum lobe, ehre und ⊞ S. 49 preise ich, Nebukadnezar, den König des Himmels; denn all sein Tun ist Wahrheit, und seine Wege sind recht, und wer stolz einherschreitet, den kann er demütigen.«

B 27: Sirach, 10:14 [18], *Luther* (2017): »Der Herr stürzt ⊞ S. 49 den Thron der Gewaltigen und setzt die Demütigen an ihre Stelle.« – Hier freilich wandelt Gott nicht die Tyrannen, sondern *ersetzt* sie. (Ebenso *Luther* im Original und in der *Einheitsübersetzung*.) (Vgl. ⊞ S. 85, B 55.)

B 28: Jesaja, 14:3, *Luther* (2017): »³Und zu der Zeit, wenn ⊞ S. 51 dir der Herr Ruhe geben wird von deinem Jammer und Leid und von dem harten Dienst, in dem du gewesen bist,

⁴wirst du dies Lied anheben gegen den König von Babel und sagen: …«

S. 51 **B 29:** Hesekiel, 34:10, *Luther* (2017): »So spricht Gott der Herr: Siehe, ich will an die Hirten und will meine Herde von ihren Händen fordern; ich will ein Ende damit machen, dass sie Hirten sind, und sie sollen sich nicht mehr selbst weiden. Ich will meine Schafe erretten aus ihrem Rachen, dass sie nicht mehr fressen sollen.«

S. 51 **B 30:** Hosea, 13:11, *Luther* (2017): »Ich gebe dir Könige in meinem Zorn und nehme sie dir in meinem Grimm.«

S. 51 **B 31:** Hiob, 34:30; schon in *Luthers* Original ist der Sinn etwas anders: »Und lässet über sie regieren einen Heuchler, das Volk zu drängen.« *Luther* (2017) umgekehrt: »So lässt er denn nicht einen Frevler regieren, der ein Fallstrick ist für das Volk.« (Gleich in der *Einheitsübersetzung*.) – Ebenso ist es ein Problem, dass die Stelle aus einer Rede von Hiobs *Gegner* Elihus stammt, Gott am Ende aber *Hiob* Recht gibt. Inwiefern lässt sie sich *affirmativ* heranziehen? Die *Gegner* Hiobs erklären, alles Unglück sei eine Strafe Gottes für Sünden; Hiob hingegen beteuert seine *Tadellosigkeit*.

S. 53 **B 32:** Jesaja, 40:6ff, *Luther* (2017): »⁶[…] Alles Fleisch ist Gras, und alle seine Güte ist wie eine Blume auf dem Felde. ⁷Das Gras verdorrt, die Blume verwelkt; denn des Herrn Odem bläst darein. Ja, Gras ist das Volk. ⁸Das Gras verdorrt, die Blume verwelkt, aber das Wort unseres Gottes bleibt ewiglich.«

S. 55 **B 33:** 2 Korinther, 6:8, *Luther* (2017): »[… ⁴in allem erweisen wir uns als Diener Gottes …] ⁸in Ehre und Schande; in bösen Gerüchten und guten Gerüchten …«

S. 61 **B 34:** Römer, 13:1 bis 13:4. – Zu Thomas' Interpretation, wo er Paulus widerspricht, indem er ihm scheinbar zustimmt, siehe S. 119 bis 147. Ein heikles Vorgehen und Lehrstück dialektischer Rhetorik.

B 35: Weisheit, 6:3 [4], *Luther* (2017): »[1So hört nun, ihr S. 61
Könige ...] 3Vom Herrn ist euch die Herrschaft gegeben
und die Gewalt vom Höchsten, der eure Taten prüfen und
eure Pläne erforschen wird.«

B 36: Hesekiel, von 29:18 bis 29:20, *Luther* (2017): »18Du S. 61
Menschenkind! Nebukadnezar, der König von Babel, hat
sein Heer in hartem Dienst vor Tyrus abarbeiten lassen,
sodass alle Häupter kahl wurden und alle Schultern wund
gerieben waren; und doch ist weder ihm noch seinem
Heer all die Arbeit vor Tyrus belohnt worden. 19Darum, so
spricht Gott der Herr: Siehe, ich will Nebukadnezar, dem
König von Babel, Ägyptenland geben, dass er all ihr Gut
wegnehmen und sie berauben und plündern soll, damit er
seinem Heer den Sold gebe. 20Zum Lohn für die Arbeit,
die er vor Tyrus getan hat, will ich ihm das Land Ägypten
geben; denn sie haben für mich gearbeitet, spricht Gott
der Herr.« Plündern ... ein skandalöser »Lohn«, bar jeden
Gerechtigkeitsverständnisses.

B 37: 1 Petrus, 5:2 bis 5:4, *Luther* (2017): »2Weidet die S. 63
Herde Gottes, die euch anbefohlen ist, und achtet auf sie,
nicht gezwungen, sondern freiwillig, wie es Gott gefällt,
nicht um schändlichen Gewinns willen, sondern von
Herzensgrund, 3nicht als solche, die über die Gemeinden
herrschen, sondern als Vorbilder der Herde. 4So werdet
ihr, wenn erscheinen wird der Erzhirte, die unverwelkliche Krone der Herrlichkeit empfangen.« Den Hinweis
auf Freiwilligkeit sowie auf Verzicht von Herrschaft *über*
zitiert Thomas nicht mit, aber er meint ihn mit.

B 38: Jesaja, 28:5f, *Luther* (2017): »5Zu der Zeit wird der S. 63
Herr Zebaoth eine zierende Krone sein und ein herrlicher
Kranz für den Rest seines Volks 6und ein Geist des Rechts
für den, der zu Gericht sitzt, und eine Kraft denen, die
den Kampf gegen das Tor zurückschlagen.«

S. 67 **B 39:** Psalm, 103:5, *Einheitsübersetzung* (2017): »[Preise den Herrn, meine Seele, ...,] der dich ein Leben lang mit Gaben sättigt«. Anders bei *Luther*, 2017: »..., der deinen Mund fröhlich macht.«

S. 67 **B 40:** Psalm, 73:25, *Einheitsübersetzung* (2017): »Wen habe ich im Himmel außer dir? Neben dir erfreut mich nichts auf Erden.« *Luther*, 2017: »Wenn ich nur dich habe, so frage ich nichts nach Himmel und Erde.«

S. 67 **B 41:** Jesaja, 51:6, *Luther* (2017): »Mein Heil bleibt ewiglich, und meine Gerechtigkeit wird nicht zerbrechen.«

S. 67 **B 42:** Epheser, 2:19, *Luther* (2017): »So seid ihr nun nicht mehr Gäste und Fremdlinge, sondern Mitbürger der Heiligen und Gottes Hausgenossen ...«

S. 67 **B 43:** Psalm, 139:17. Der Sinn wird heute völlig anders übertragen, z. B. *Luther* (2017): »Aber wie schwer sind für mich, Gott, deine Gedanken! Wie ist ihre Summe so groß!« So ähnliche auch in allen anderen Übertragungen.

S. 71 **B 44:** Schon für die Vulgata ist das eine heikle Auslegung von Thomas, wenn er in Exodus XXII:VIII »... dann soll der Streitfall *vor die Götter kommen* ...« (adplicabitur ad deos) den für den Monotheismus nicht bequemen Akkusativ-Plural auf die Richter bezieht. 2 Mose, 22:8, hat bei *Luther* im Original noch diesen Plural: » ... soll man ... vor die Götter bringen, ob er nicht seine Hand habe an seines Nächsten Habe gelegt.« 2017: »Wen einer den andern einer Veruntreuung beschuldigt, es handle sich um Rind oder Esel oder Schaf oder Kleider oder um etwas, was sonst noch verloren gegangen ist, von dem einer sagt: Ja, das ist es!, so soll beider Sache vor Gott kommen. Wen Gott für schuldig erklärt, der soll's seinem Nächsten zweifach erstatten.« Wo ist der Plural geblieben? Und sicherlich, dem Inhalt nach passt »vor einen Richter kommen«. Die Übertragung von Buber-Rosenzweig hat hier »die Gottrichter«.

B 45: Epheser, 5:1, *Luther* (2017): »[1]So ahmt nun Gott nach als geliebte Kinder [2]und wandelt in der Liebe, wie auch Christus uns geliebt hat und hat sich selbst für uns gegeben als Gabe und Opfer [...].« S. 71

B 46: Sirach, 13:15 [bzw. 19], *Luther* (2017): »Jedes Tier liebt seinesgleichen und jeder Mensch den, der ihm am nächsten steht.« S. 71

B 47: Sirach, 31:8, *Luther* (2017): »[8]Wohl dem Reichen, der untadelig befunden wird und nicht das Gold sucht. [...] [10]Wer konnte das Gesetz übertreten und tat's doch nicht, konnte Böses tun und tat's auch nicht?« Mit diesem Zitat spricht Thomas das Hauptproblem aller Macht an, dass sie nämlich *faktisch* immer über dem Gesetz steht, denn sie *kann* es (straflos) übertreten. S. 73

B 48: 1 Könige, 21:29, *Luther* (2017): »Hast du nicht gesehen, wie sich Ahab vor mir gedemütigt hat? Weil er sich nun vor mir gedemütigt hat, will ich das Unheil nicht kommen lassen zu seinen Lebzeiten.« Thomas zitiert nicht den Nachsatz, der für sein Gerechtigkeitsgefühl ein Skandal sein musste: »... aber zu seines Sohnes Lebzeiten will ich das Unheil über sein Haus bringen.« S. 73

B 49: Sacharja, 12:8, *Luther* (2017): »Zu der Zeit wird der Herr die Bürger Jerusalems beschirmen, dass, wer von ihnen strauchelt, sein wird wie David; und das Haus Davids wird sein wie Gott, wie der Engel des Herrn vor ihnen her.« Der eigentliche »Beleg« (der größere Lohn des Chefs gegenüber den Untergebenen) ist *nicht* Teil des Zitats! Die Gleichsetzung des Engels mit Jesus ist außerdem eine Zumutung, sowohl für die Tora als auch fürs Christentum. S. 73

B 50: Sprüche, 29:14, *Luther* (2017): »Ein König, der die Armen treulich richtet, dessen Thron wird für immer bestehen.« (Im Augustin-Zitat S. 65 **Q 16** ist Dauer *kein* Gütekriterium.) S. 81

▣ S. 83 **B 51:** Vgl. B 31.

▣ S. 83 **B 52:** Vgl. B 30.

▣ S. 83 **B 53:** Psalm, 77:10: »Hat Gott vergessen, gnädig zu sein, hat er sein Erbarmen im Zorn verschlossen? Sela.« (*Luther*, 2017.) Was für eine lausige Frage! Gottes Gnade und sein Erbarmen halten sich nach wie vor in engsten Grenzen.

▣ S. 83 **B 54:** Joel, 2:13, *Luther* (2017): »Zerreißt eure Herzen und nicht eure Kleider und kehrt um zu dem Herrn, eurem Gott! Denn er ist gnädig, barmherzig und von großer Güte, und es reut ihn bald die Strafe.«

▣ S. 85 **B 55:** Vgl. B 27.

▣ S. 85 **B 56:** Sprüche (Proverbia), 11:24, *Luther* (2017): »Einer teilt reichlich aus und hat immer mehr; ein andrer kargt, wo er nicht soll, und wird noch ärmer.«

▣ S. 85 **B 57:** Prediger (Kohelet), 5:9, *Luther* (2017): »Wer Geld liebt, wird vom Geld niemals satt, und wer Reichtum liebt, wird keinen Nutzen davon haben. …«

▣ S. 85 **B 58:** Sprüche (Proverbia), 15:27, *Luther* (2017): »Wer unrechtem Gewinn nachgeht, zerstört sein Haus; …«

▣ S. 85 **B 59:** Sprüche (Proverbia), 10:7, *Luther* (2017): »Das Andenken des Gerechten bleibt im Segen; aber der Name der Frevler wird verwesen.« – Nicht realistisch angesichts dessen, dass viele herrschende Verbrecher einen *langen* Ruhm genießen. Inzwischen scheint der Ruhm übler Herrscher dauerhafter zu sein als derjenige von moderaten.

▣ S. 91 **B 60:** Weisheit, 6:4, *Luther* (2017): »4Denn ihr seid Diener seines Reiches. Aber ihr habt nicht recht regiert, habt das Gesetz nicht beachtet und nicht nach dem Willen Gottes gehandelt. 5Er wird schrecklich und schnell über euch kommen, denn es ergeht ein strenges Gericht über die Herrscher. 6Denn dem Geringsten widerfährt Erbarmen, aber die Gewaltigen werden mit Gewalt zur Rechenschaft gezogen.« (Umgekehrt ▣ S. 73, Q 20!)

B 61: Jesaja, 14:15, *Luther* (2017): »¹⁵Doch hinunter ins S. 91
Totenreich fährst du, in die tiefste Grube! ¹⁶Wer dich sieht,
wird dich schauen, wird dich ansehen und sagen: ›Ist das
der Mann, der die Welt zittern und die Königreiche beben
machte [...]?‹«

B 62: 2 Korinther, 5:6, *Luther* (2017): »So sind wir denn S. 105
allzeit getrost und wissen: Solange wir im Leibe wohnen,
weilen wir fern von dem Herrn.«

B 63: Römer, 6:23, *Luther* (2017): »Denn der Sünde Sold S. 107
ist der Tod; die Gabe Gottes aber ist das ewige Leben in
Christus Jesus, unserem Herrn.«

B 64: Daniel, 7:14, *Luther* (2017): »[...] Seine Macht ist S. 107
ewig und vergeht nicht, und sein Reich hat kein Ende.«

B 65: Jeremia, 23:5, *Einheitsübersetzung* (2017): »[...] Er S. 107
wird als König herrschen und weise handeln und Recht und
Gerechtigkeit üben im Land.« *Luther* (2017) etwas anders:
»[...] Der soll König sein, der wohl regieren und Recht und
Gerechtigkeit im Lande üben wird.«

B 66: Maleachi, 2:7, *Luther* (2017): »Denn des Priesters S. 113
Lippen sollen die Lehre bewahren, dass man aus seinem
Munde Weisung suche.«

B 67: 5 Mose, 17:18f: »¹⁸Und wenn er nun sitzen wird auf S. 113
dem Thron seines Königreichs, soll er eine Abschrift dieses
Gesetzes, wie es den levitischen Priestern vorliegt, in ein
Buch schreiben lassen. ¹⁹Das soll bei ihm sein, und er soll
darin lesen sein Leben lang, damit er den Herrn, seinen
Gott, fürchten lernt, dass er halte alle Worte des Gesetzes
und diese Rechte und danach tue.« (*Luther*, 2017.) – Was
nun ist mit der Furcht als *hinfälliger* Grundlage? (S. 81.)
Offensichtlich beißt Thomas' Vorbehalt gegen Furcht sich
mit der Forderung nach Gottesfurcht.

B 68: 1 Korinther, 12:31, *Luther* (2017): »Strebt aber nach S. 117
den höchsten Gaben.«

◧ S. 129 **B69:** Amos 6:13 wird heute ganz anders gelesen (*Luther*, 2017): »Haben wir nicht durch unsere Kraft [die Stadt] Karnajim [ein]genommen?« – Zwar sind *cornua* Hörner, aber auch »Flügel« in einer Schlachtordnung.

◧ S. 137 **B70:** In der Revision *Luther* 2017 steht hier »Regent« statt »Richter«. Der fundamentale Unterschied zwischen einem Herrscher und einem vorstaatlichen Richter wird damit verwischt. Der vorstaatliche Richter ist kein Herrscher, sondern Mediator, wie es im Ideal des salomonischen Urteils noch aufscheint. Thomas verwischt ihn gleichfalls, aber in umgekehrter Richtung: Er stutzt den Herrschaftsanspruch zurück aufs Richteramt.

◧ S. 139 **B71:** Diese Stelle Weisheit 17:11 wird heute recht anders gedeutet (*Luther*, 2017): »Denn die Bosheit verrät sich durch ihre Feigheit, und verurteilt sich dadurch selbst, und vom Gewissen bedrückt, nimmt sie immer schon das Schlimmste an.« Im Übrigen konterkariert Thomas durch die Zusammenstellung der beiden Bibelstellen das Konzept der Angst oder Furcht *(timor)* als Instrument der Erziehung und Zucht: *timor* zu haben, ist im Grunde bereits falsch, das Kennzeichen des Christen ist es, eben keinen *timor* zu haben; und *timor*, so sagte er in *Vom Prinzip der Führung* (◧ S. 81; vgl. ebenso S. 33), sei eine »hinfällige Grundlage« für Gehorsam und ein gutes Leben!

◧ S. 147 **B72:** Matthäus 18:21-35 handelt vom Verzeihen bzw. der Bestrafung eines Knechts, dem sein Herr die Schuld erließ, der aber seinerseits den Mitknecht ungnädig behandelte. Sich dem Vorgesetzten *bedingungslos* unterzuordnen und ihn zu *entlohnen*, fordert das Gleichnis keineswegs.

◧ S. 147 **B73:** Dass Matthäus 22:21 eine Ironie von Jesus ausdrückt (»*wenn* ihr Deppen schon mit dem Zahlungsmittel Cäsars handelt, *dann* müsst ihr halt auch Steuern zahlen«), ist Thomas entgangen.

188

Q01: Eine Herkunft des Begriffs *tyrannus* aus »Stärke«, ◀ S. 17 »Macht« oder »Gewalt« wird in der Etymologie heute nicht mehr angenommen. Thomas' Quelle ist hier die »Etymologie« (9:19) Isidore von Sevillas um das Jahr 600, der *tyrannus* auf das etruskische Wort *tiro* (junger Soldat) zurückführte. – Unabhängig von der etymologischen Frage bleibt festzuhalten, dass Thomas den Tyrannen im Gegensinn der Formulierung, ein »Verein freier Menschen« bestimme sich selber, mit Gewalt identifiziert (nicht etwa mit Unrechtmäßigkeit im Gegensinn zu möglicher Rechtmäßigkeit der Herrschaftsaneignung; dies wäre dann der Usurpator).

Q02: Aristoteles *Nikomachische Ethik*, III 11 (1116a20): ◀ S. 33 »Die Bürger derjenigen Gemeinwesen [gelten] für die mannhaftesten und mutigsten, wo die Feiglinge ehrlos und die Mutigen geehrt sind.« (Übertragung von Adolf *Lasson*, Jena 1909. Andere geben einen Inhalt wieder, der der Argumentation von Thomas weniger entspricht.)

Q03: Cicero, *Tusculanæ disputationes*, I 4. Wortlaut und ◀ S. 33 Inhalt weichen jedoch deutlich von dem ab, was Thomas hier meint: »Honos alit artes, omnesque incenduntur ad studia gloria, jacentque ea semper, quæ apud quosque improbantur.« »Ehre nährt die Kunst, der Ruhm treibt alle zur Arbeit an; und wo eine Kunst verachtet wird, da wird sie sich auch nicht entfalten können.« (Übertragung von Olof *Gigon*, Düsseldorf 1992, S. 9.)

Q04: Sallust, *Bellum Catilinæ*, 7:3 (»civitas incredibile ◀ S. 35 memoratu est adepta libertate quantum brevi creverit«).

S. 45 **Q 05:** Valerius Maximus, *Facta et dicta memorabilia*, VI.2.2.
Die Ehrlichkeit der Greisin ist selbstredend ein Akt des
Widerstands. Einen schrecklichen Tyrannen als solchen
zu bezeichnen, hört dieser ungern, und es wird ihn, wenn
er es tatsächlich ist, zum Zorn reizen. (Vgl. auch Q 24.)

S. 53 **Q 06:** Cicero, *De re publica*, überliefert als Fragment aus
dem Buch V unter anderem über Augustin und Petrus von
Poitiers (»principem civitatis gloria esse alendum«).

S. 53 **Q 07:** Aristoteles, *Nikomachische Ethik*, V 10 (1134b1-8):
»Der Regierende ist Wächter über das Gerechte. [...] Er
arbeitet insofern für einen andern. [...] So muss er also
einen Lohn haben. Dieser besteht in Ehre und Auszeichnung. Wem dies nicht genügt, der wird ein Tyrann.«
(Übertragung von Olof *Gigon*, Zürich 1972, S. 168.) Diese
Stelle liest Thomas anders: Aristoteles meine, wer nicht
genügend viel Ehre und Auszeichnung *erhalte*, werde ein
Tyrann; Gigon überträgt, Aristoteles sage, wer sich nicht
mit der ihm von den Anderen entgegengebrachten Ehre
und Auszeichnung *begnüge*, werde ein solcher. (◧ Q 27.)

S. 55 **Q 08:** Cicero, *De officiis*, I 20:68 (»cavenda etiam est gloriæ
cupiditas«).

S. 55 **Q 09:** Titus Livius in der Rede von Fabius an den Konsul
L. Æmilius, *Ab urbe condita*, XXII 39:19 (»... vanam gloriam
qui spreverit, veram habebit«); *vanam* = leer.

S. 55 **Q 10:** Sallust, *Bellum Catilinæ*, 56:6 (»[...] minus petebat
gloriam, eo magis illum sequebatur«).

S. 55 **Q 11:** Titus Manlius Imperiosus Torquatus, 4. Jh. v. Chr.
Überlieferung: Titus Livius, *Ab urbe condita*, VIII 7.

S. 57 **Q 12:** »Ambitio multos mortalis falsos fieri subegit, aliud
clausum in pectore, aliud in lingua promptum habere, ami-
citias inimicitiasque non ex re, sed ex commodo æstumare
magisque voltum quam ingenium bonum habere.« (Sallust, *Bellum Catilinæ*, 10:5.)

Q 13: Augustin, *De civitate Dei*, V 12.　　　　　S. 57

Q 14: Augustin, *De civitate Dei*, V 12.　　　　　S. 57

Q 15: Aristoteles, *Nikomachische Ethik*, IV 7 (= 1124a1ff):　S. 57f
»So scheint also die Großgesinntheit wie ein Schmuck der
Tugenden zu sein. Sie macht sie größer und besteht nicht
ohne sie. Darum ist es auch schwierig, in Wahrheit groß-
gesinnt zu sein; ohne Tugendadel ist dies nicht möglich.
Der Großgesinnte hat es also vor allem mit Ehre und
Unehre zu tun. Bei großen Ehren und solchen, die ihm die
Edlen antun, wird er sich mit Maß freuen, als empfinge er,
was ihm gebührt, oder noch weniger als das (denn für die
vollkommene Tugend gibt es keine angemessene Ehre).
Dennoch wird er solche Ehre annehmen, weil sie ihm keine
größeren zuteil werden lassen können.« (Übertragung von
Olof *Gigon*, Zürich 1972, S. 138.)

Q 16: Augustin, *De civitate Dei*, V 24. – Im nächsten Kapitel　S. 65
spricht Augustin über das Glück Kaiser Konstantins (der
sicherlich kein Christ war; dies steht jedoch auf einem anderen Blatt), dass er seinen Söhnen das Reich hinterließ.
Thomas zitiert dies nicht, denn er geht von einer Wahl des
Königs (durch wen auch immer) aus. Wieder mit Thomas
im Einklang weist Augustin darauf hin, dass Gott, um
keinen Kaiser zum Glauben zu bringen, *weil* er durch ihn
Vorteile habe, etwa zuließ, dass Gratian in jungen Jahren
ermordet wurde. Wobei auch dies wieder problematisch
ist, denn Konstantin hatte das Toleranzedikt für Christen
aus dem Grund erlassen, *weil* er meinte, Jesus habe ihm
zum Sieg im Bürgerkrieg verholfen. – Anders als ⊡ S. 141
ist Dauerhaftigkeit der Amtszeit für Augustin gerade kein
Kriterium für christliche und gute Herrscher.

Q 17: Gregor der Große, *Liber regulæ pastoralis*, I:9. Es ist　S. 73
eine inhaltlich richtige Paraphrase, kein wörtliches Zitat;
vgl. die Ausgabe Straßburg 1784, S. 24.

S. 73 **Q 18:** Augustin, *De civitate Dei*, V 24. Mit diesem wie dem voraufgehenden und folgenden Zitat bereitet Thomas das bereits zuvor angedeutete Argument der nächsten Kapitel vor, die soziologische und historische Tatsache sei nicht die gute Herrschaft des alleinigen Machthabers, vielmehr seine Tyrannei.

S. 73 **Q 19:** Aristoteles, *Nikomachische Ethik*, V 3 (1130a1). Die Stelle wird freilich traditionell anders übertragen, etwa von Olof *Gigon* so: »Herrschaft zeigt den Mann.«

S. 73 **Q 20:** Augustin, *De civitate Dei*, V 24. Im Gegensatz dazu behauptet Thomas ⬗ S. 91: »Bei der Sünde wirkt sich erschwerend die Würde des Amts aus. Der irdische König bestraft bei Verrat seine Minister härter als Andere. So straft Gott jene mehr, die er zu den Ausführenden und Gehilfen seines Willens macht, wenn sie falsch handeln und sein Urteil in Bitterkeit verkehren.« (Vgl. auch B 60.)

S. 77 **Q 21:** Valerius Maximus, *Facta et dicta memorabilia*, IV.7.1.

S. 79 **Q 22:** Sueton, *Vita divi Juli*, 67.

S. 81 **Q 23:** Sueton, *Vita divi Augusti*, 59. Beide Beispiele sind auf dem Hintergrund der Kriterien, die Thomas für die Güte des Oberhaupts nennt, zu hinterfragen. Die Blutorgie, die Cäsar in Gallien veranstaltete, passt da nicht hinein, so wenig wie die Friedhofsruhe unter Augustus nach einem verlustreichen Bürgerkrieg. Auf ⬗ S. 41 argumentiert Thomas so: »Nachdem zahlreiche Ämter die römische Republik lange verwaltet hatten, brach Feindschaft, Streit und Bürgerkrieg aus; so fiel sie grausamsten Tyrannen in die Hände.« Mit dieser Aussage subsumiert er Augustus unter die Negativbeispiele; vgl. auch ⬗ A 19: »Bricht ein Streit unter einem Führungsgremium aus, erlangt einer oft die Oberhand über die Anderen und maßt sich dann die alleinige Führung der Gruppe an.« Auch dies ist, implizit, gegen Augustus gerichtet.

192

Q 24: Aristoteles, *Politik*, V12 (1315b11ff): »Allerdings S. 83
sind die Oligarchie und die Tyrannis die kurzlebigsten
aller Staatsformen. Am längsten dauerte die Tyrannis
des Orthagoras und seiner Nachkommen in Sikyon; sie
bestand hundert Jahre lang. Ursache war, dass sie mit den
Untertanen maßvoll umgingen ...« (Übertragung von
Olof *Gigon*, München 1973, S. 199.) Die Frage lautet, was
kurz und was *lang* sei. Weitere von Aristoteles aufgezählte
Tyranneien belaufen sich auf 30 bis 70 Jahre. Es ist eine
rhetorische Frage, weil Thomas es besser wusste. Denn
wenn wir Cäsar und Kaiser Augustus (S. 79f) oder auch
Kaiser Konstantin als positive Beispiele gelten lassen,
so zeigt sich, dass ihre Regierungszeiten deutlich kürzer
waren. Fazit: Der angekündigte empirisch-historische
Beweis ist keiner. Auf S. 33 spricht Thomas von der
Erfahrung mit Tyrannen, die »*lange* herrschten«. Davon,
dass es sich um *seltene* Fälle handelt, war dort nicht die
Rede, denn dann wäre die Erfahrung wohl nicht der Rede
wert und stünde auf tönernen Füßen. Dass Tyrannei die
Ausnahme sei, nein, das ist keine historische Erfahrung.
In Q 05 wird der Tyrann Dionysios von Syrakus erwähnt;
die genannte Abfolge von drei Tyrannen, die die alte Frau
erlebt haben soll, lässt sich nicht rekonstruieren; allerdings hat Dionysios I. 38 Jahre lang geherrscht, sein Sohn
(in dessen Tyrannei das historische Vorbild für die *Bürg-
schaft* [S. 77, Q 21] fällt) immerhin mit einer Unter-
brechung fast 15 Jahre, macht 53. Wie lang ist kurz?

Q 25: Valerius Maximus, *Facta et dicta memorabilia*, I.1.9. S. 109
Geschrieben um 30 n. Chr. während der Herrschaft von
Kaiser Tiberius. »Allmählich setzte sich der Brauch durch«,
mithin hat *keiner* ihn angeordnet, war er *nicht* Ergebnis von
Führung, sondern eins der »spontanen Ordnung«. Keine
Macht für Niemand.

S. 109 **Q 26:** Julius Cäsar, *De bello Gallico*, VI 13:4ff bis VI 14. Ein bemerkenswertes Dokument über vorstaatliches Recht: Die Druiden »entscheiden über fast alle öffentlichen und privaten Streitsachen. Wenn ein Verbrechen oder ein Mord verübt wurde, ebenso in Fragen der Erbschaft und bei Grenzstreitigkeiten entscheiden stets sie [...]. Unterwirft sich eine Privatperson oder eine Population ihrem Spruch nicht, schließt man sie vom Besuch des Gottesdienstes aus. Eine schwerere Strafe gibt es bei ihnen nicht. Ein so Ausgeschlossener wird als Gottloser und Verbrecher behandelt; alle meiden seinen Umgang, um sich nicht anzustecken [...]. An der Spitze dieser Druiden steht ein Oberhaupt von größtem Ansehen. [...] Zu bestimmter Zeit des Jahres versammeln sie sich im Land der Karnuten [...] an heiliger Stätte. Wer einen Streit hat, findet sich dort ein und unterwirft sich ihrem Beschluss und Urteil. [...] Die Druiden nehmen gewöhnlich keinen Anteil am Krieg, zahlen nicht Tribut wie die Übrigen und sind freigestellt vom Kriegsdienst und von allen anderen Lasten.«

S. 141 **Q 27:** Aristoteles, *Nikomachische Ethik*, V 10 (1134b1-8): »Der Regierende ist Wächter über das Gerechte. [...] Er arbeitet insofern für einen andern. [...] so muss er also einen Lohn haben. Dieser besteht in Ehre und Auszeichnung. Wem dies nicht genügt, der wird ein Tyrann.« (Übertragung von Olof *Gigon*, Zürich 1972, S. 168.) Die Stelle liest Thomas oben S. 53 (Q 07) anders.

ANMERKUNGEN ZUR ÜBERTRAGUNG

Ü01: Der Plural stellt eine gewisse Herausforderung dar, S. 9 obwohl es sich offensichtlich um eine Anspielung auf ein Psalm-Wort handelt. Die Schreyvogl-Übertragung umschifft das Ärgernis, indem sie es so ausdrückt, »dem größten Gebieter und Herrn über alle Kräfte, die jenseits des Irdischen sind«; *omnes deos* = Kräfte? Hm.

Ü02: *multitudo*, die (Menschen-) Menge, ist bei Thomas S. 11 weder einfach die Vielzahl, noch wie in der Schreyvogl-Übertragung »Gesellschaft«, schon gar nicht Volk. Es ist eine per Assoziation konstituierte Gruppe. Vgl. **A04**. Kloster, Gilde, Stadt, Dorf, Firma, Verein, *whatever*.

Ü03: Weder *rex* (König) noch *princeps* (Führer, Fürst) ge- S. 17 braucht Thomas hier wie sonst, sondern *rector* (Leiter), offenbar um ein negatives Gegenbild zum guten Hirten zu schaffen, bevor er im folgenden Absatz den Begriff des *Tyrannen* einführt. *Chef* mag anachronistisch-modern klingen, doch es hat eine altehrwürdige Etymologie aus dem Lateinischen über das Alt- und Mittelfranzösische in das Deutsche des 17. bzw. 18. Jahrhunderts. – Die übliche vorschnelle Egalisierung der Übersetzung auf *Herrscher* und *herrschen* oder *König* und *regieren* verdeckt, dass Thomas hier noch gar nicht zwischen freiwillig und herrschaftlich konstituierter Gemeinschaft unterscheidet, sondern erst das definitorische Gerüst baut, an welchem er dann die Herrschaft zu *messen* beabsichtigt.

Ü04: *fortitudo*, im klassischen Latein Stärke, Tapferkeit S. 17 und Tatkraft, hatte im Mittellatein auch die Bedeutung von Befehlsgewalt angenommen.

◄ S. 17 **Ü 05:** Diese Einteilung der Gemeindeverfassungen, keine »Staatsverfassungen« im heutigen Sinne, orientiert sich an der *Politik* des Aristoteles. Während die Begriffe *Monarchie* versus *Tyrannei*, *Aristokratie* versus *Oligarchie* und *Demokratie* heute geläufig und verständlich sind, ist es der der *Politie* (Zivilgesellschaft?) als vernünftige Regierung durch die Bürgerschaft im Gegensatz zur demokratischen Willkür der Mehrheit nicht. – Das Beispiel, das Thomas nennt, bezieht sich auf die griechische Antike der wehrhaften Bürger, und nicht etwa auf die Diktatur durch ein spezialisiertes Militär (dies wäre Oligarchie!).

◄ S. 23 **Ü 06:** Eine knifflige Stelle! – Friedrich Schreyvogl / Ulrich Matz (1971/1981; Stuttgart 1981, S. 12): »Es ist immer das das Beste, was der Natur entspricht; *in den einzelnen wirkt die Natur immer das Beste*.« Gerald B. Phelan / I. Th. Eschmann (1949; Toronto 1982, S. 12): »Whatever is in accord with nature is best, *for in all things nature does what is best*.« O. P. James M. Blythe (Philadephia 1997, S. 66): »Those things which are in accord with nature are best, *for nature operates for the best in individuals*.« Die kühnste (aber mich letztlich inhaltlich nicht überzeugende) Übertragung stammt von Védrine / Bandel / Fournet (Paris 1857, S. 212): »Il en est de même dans la nature, car elle fait dans toutes choses, ce qu'il y a de mieux : or, *la conduite ordinaire de la nature procède d'un seul principe*.« (Jeweils meine Hervorhebungen.) Ich schließe mich inhaltlich der Übertragung von Phelan / Eschmann an und danke Wolfgang Weber für seinen Beitrag zur Beurteilung der Textstelle.

◄ S. 33 **Ü 07:** *impius* kann freilich auch den *Gottlosen* meinen, und so wird die Stelle ja auch in heutigen Bibelübersetzungen gedeutet, doch hier würde es die Argumentation eher verdunkeln als erhellen.

196

Ü 08: Die Schreyvogl-Übertragung hat hier *inwiefern*, was S. 43 suggeriert, die Tyrannei sei immer und unter allen Umständen zu ertragen (so wie es Paulus forderte). Der Text sagt demgegenüber, sie sei bloß dann zu ertragen, wenn sie nicht ein gewisses Maß überschreitet (wie ist das Maß zu bestimmen?) und selbst dies nur eine *zeitlang*. Es gibt also eine unklare *qualitative* und *quantitative* Grenze.

Ü 09: *interimere* mit »ermorden« zu übertragen (Schrey- S. 45 vogl), halte ich für abwegig, auch inhaltlich. Selbst wenn man davon ausgeht, dass Thomas die Beseitigung eines Tyrannen moralisch ablehnt, würde er sie keineswegs als »Mord« bezeichnen, also »niedere Beweggründe« unterstellen. Der Tyrann habe sich den Tod verdient, so sagt er ausdrücklich S. 87 (**A 39**).

Ü 10: Das *Sehnen* hat heute eine fast nur noch in einer S. 63 historisierenden Sprache psychologische Bedeutung. Die *Sehnsucht* im Sinne des hier entfalteten aristotelischen Hedonismus würde zwar schön mit den Angriffen von Thomas auf dieselbe im vorhergegangenen Kapitel kontrastieren, doch nehme ich lieber das *Streben* aus dem Abschnitt davor auf, mit Bedauern verzichtend, *desiderium* stets in das gleiche deutsche Wort zu übertragen.

Ü 11: *latro* ist der Räuber; das Wort hat allerdings eine S. 71 Verniedlichung erfahren so wie viele andere ältere Bezeichnungen für Übeltäter (ein ebenfalls abgeschliffenes Wort). Der *latro* ist vor allem ein gewalttätiger Mensch.

Ü 12: Die wunderbare Idee, *minor mundus* mit dem Ana- S. 93 chronismus »Mikrokosmos« zu übertragen, habe ich von Phelan / Eschmann (1949).

Ü 13: Üblicherweise wird hier »Kirchen« übertragen; das S. 101 ist angesichts des Weitblicks von Thomas zu beschränkt. Da er auch Beispiele aus der Antike heranzieht, halte ich es für angebracht, einen neutralen Begriff zu wählen.

◄ S. 105 **Ü 14:** An dieser Stelle wird besonders deutlich, dass sich die Übertragung von *civitas* als »Staat« verbietet. Denn die Sklaven sind selbstredend Teil des Staats, aber eben nicht der konstituierenden Bürgerversammlung (Thomas sagt es historisch; er legitimiert Sklaverei damit in keiner Weise; vgl. ◄ S. 87 und ◄ S. 33).

◄ S. 131 **Ü15:** Hier ein »sollen« oder gar »müssen« zu setzen, zerstörte, dass Thomas in der Schwebe lässt, ob Bestrafung *erstens* sein soll (muss) und *zweitens* das Ziel erreicht.

INDEX

Sachen

*Definitionen

Es werden nur die Seiten der
Zitierung durch Thomas
angezeigt, nicht diejenigen mit
den aktuellen Übertragungen, die
durch die Nummern B xx leicht
aufzufinden sind. – Die Autoren
der biblischen Bücher tauchen,
bis auf den Apostel Paulus, nicht
im Personenregister auf. Die
Benennung und die Abkürzung
folgt der Konvention, die in der
Lutherbibel (2017) zugrunde
gelegt wurde; im lat. Text
der Konvention der *Vulgata*.

ZU GUTER LETZT

Unter der Hand skizziert Thomas ein ganz anderes Gemeinwesen, als es historisch oder aktuell Wirklichkeit ist, das Gemeinwesen, das in Selbstverantwortung, Freiwilligkeit, Gewissen und vor allem Vernunft wurzelt. Er tut es mit aller gebotenen Vorsicht, aber mit Herzblut.

Tatsächlich war meine ursprüngliche Idee, dem Text den provozierenden Titel »**Keine Macht für Niemand**« zu verpassen. Doch nachdem ich recherchiert hatte, dass *Ton, Steine, Scherben* dieses Lied für die RAF schrieben, war das eine Provokation, der ich weder Thomas noch mich aussetzen wollte; und »**Jede Macht ist illegal**« ist inhaltlich deutlich angemessener; in ihm findet der ursprüngliche Gedanke sich im hegel'schen Sinne *aufgehoben*.